„Schutz und Sicherheit im Zeichen der Burg ...“

So warb jahrzehntelang eine ortsansässige Versicherungsgruppe und spannte damit den Bogen von den mittelalterlichen Anfängen der Stadt, als eine Burg tatsächlich ein Synonym für Sicherheit war, ins Heute, wo für jede Bahnfahrt eine Versicherung angeboten wird.

Das ist gleichzeitig das Spannungsfeld, in dem sich ein Nürnbergbesuch abspielt. Dabei ist die Nürnberger Altstadt in anderer Hinsicht, als man vermuten könnte, ein historisches Denkmal. Aufgrund der weitgehenden Kriegszerstörungen ist sie ein Denkmal des Wiederaufbaus der 1950er-Jahre. Das große Verdienst der damaligen Verantwortlichen war es, sich das mittelalterliche Stadtbild als Vorlage zu nehmen, um darauf den Wiederaufbau voranzutreiben, Historisches zu erhalten und an die Erfordernisse der Moderne – so sie in den 1950ern absehbar waren – anzupassen. Das ist den Stadtplanern ausgezeichnet gelungen.

Beispielhaft dafür steht das Pellerhaus (s. S. 34). Auf dem Sockelgeschoss des einst schönsten Profanbaus nördlich der Alpen entstand eine moderne, streng gegliederte Fassade, die heute wiederum als beispielhaft für den Wiederaufbau unter Denkmalschutz steht.

Der erwähnte Spannungsbogen spiegelt sich auch im Museumsbereich wider. Das Germanische Nationalmuseum 28 hält Kunst- und Kulturgeschichte vergangener Jahrhunderte vor, während im Zukunftsmuseum 9, einer Außenstelle des Deutschen Museums, gezeigt wird, welche Entwicklungen uns in den kommenden Jahrzehnten erwarten könnten.

Die kulinarische Abrundung eines Nürnbergtrips bildet die vermutlich am meisten unterschätzte Regionalküche Deutschlands. Und die wartet mit wesentlich mehr auf als mit Bratwürsten und Lebkuchen. Lassen Sie sich überraschen ...

Der Autor

Schon in der Grundschule im Heimat- und Sachkundeunterricht war **Bernhard Spachmüller** von Nürnberg fasziniert. Aufgewachsen in Schwabach, der südlichen Nachbarstadt, hat er ein waches Auge darauf, was sich in Nürnberg gerade tut – politisch, kulturell, kulinarisch, gesellschaftlich und sportlich. Für den Reise Know-How Verlag ist er schon viele Jahre freiberuflich als Kartographie-Ingenieur tätig und, wie es sich für diesen Berufsstand gehört, auch gerne in anderen Teilen der Welt unterwegs, mit dem klaren Kompass, dass es Schäufele und ein „g'scheits“ Bier nur zu Hause in Franken gibt ...

115ng Abb.: bs

Nürnberg auf einen Blick

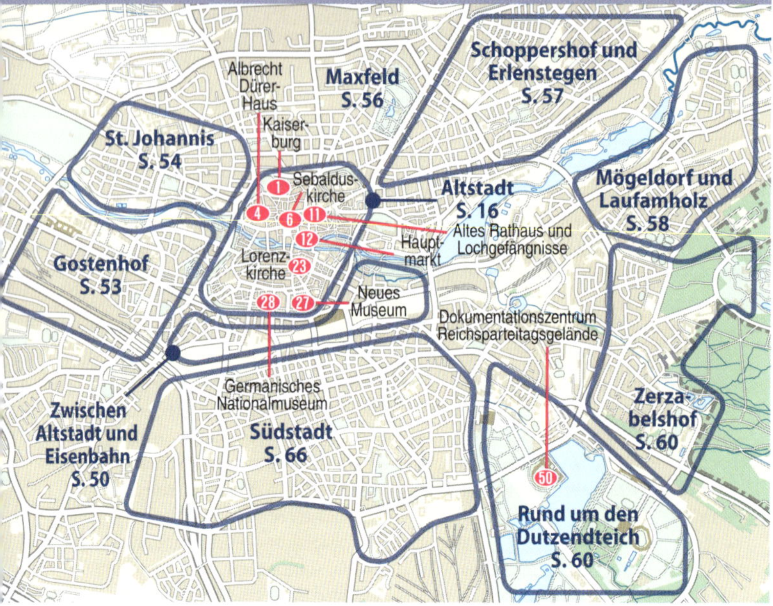

»Schreiben Sie uns!

Wir hoffen, dass Ihnen dieser Reiseführer gefällt und er Ihnen ein guter Begleiter auf einer außergewöhnlichen und spannenden Reise ist.

Weil ein Reiseführer von Erfahrungen lebt, sind wir an Ihren Erlebnissen interessiert: Haben Sie im Buch ein Restaurant entdeckt, das es nicht mehr gibt, eine Sehenswürdigkeit, die wir noch nicht aufgeführt haben, oder eine falsche Adresse? Dann schreiben Sie uns!

Wir nehmen jeden Hinweis und jede Kritik ernst und arbeiten kontinuierlich daran, die Bücher aktuell zu halten und immer weiter zu verbessern. Auch wenn wir nicht jeden Wunsch erfüllen können, machen wir uns immer Gedanken über Ihre Anmerkungen.

Schreiben Sie an: info@reise-know-how.de oder Reise Know-How Verlag Peter Rump GmbH, Postfach 140666, 33626 Bielefeld

Wenn sich Ihre Infos direkt auf das Buch beziehen, bitten wir um die Angabe der Seitenzahl und der Auflagennummer bzw. des Erscheinungsjahres. Besonders hilfreiche Beiträge belohnen wir mit einem Sprachführer Ihrer Wahl aus unserer „Kauderwelsch"-Reihe.

Herzlichen Dank und gute Reisen
Ihr Reise Know-How Verlag

Diesem Buch wurde hier ein herausnehmbarer Faltplan beigefügt.
Sollte er beim Erwerb des Buches nicht mehr vorhanden sein, fragen Sie bitte bei Ihrem Buchhändler nach.

Liebe Leserin, lieber Leser,

ein unabhängiger Verlag für unabhängig Reisende – das sind wir, der Reise Know-How Verlag aus Bielefeld, eines der letzten Familienunternehmen in der Branche. Obwohl wir zu den größten Reiseführerverlagen Deutschlands gehören, ist der familiäre Umgang miteinander in allen Bereichen des Verlagslebens zu spüren: In der Geschäftsführung in zweiter Generation, in einer wertschätzenden Arbeitsatmosphäre, in der Nähe zu unseren frei arbeitenden Autorinnen und Autoren, im engen Austausch mit unseren Leserinnen und Lesern – und auch in der Zusammenarbeit mit Druckereien in Deutschland, in denen wir ausschließlich und regional unsere Bücher produzieren. Die sollen schließlich erst mit Ihnen auf große Reise gehen.

Alles, was wir in unsere Bücher und Landkarten stecken, soll Ihnen eines ermöglichen: Auf Ihre ganz eigene, individuelle Weise die Welt zu entdecken. Wir wünschen Ihnen viel Freude und unvergessliche Erlebnisse mit diesem Reiseführer.

Es grüßen herzlich
Peter Rump & Wayan Rump

Cleveres Nummernsystem

Die Sehenswürdigkeiten sind im Text und im Kartenmaterial mit derselben **magentafarbenen ovalen Nummer** ① markiert. Alle anderen Lokalitäten wie Geschäfte, Restaurants usw. tragen ein **Symbol und eine fortlaufende rote Nummer** (**1**). Die Liste aller Orte und die Zeichenerklärung befinden sich im Anhang.

Der Schmetterling ...

... zeigt an, wo man Angebote im Bereich des nachhaltigen Tourismus findet.

Bewertung der Sehenswürdigkeiten

★★★ nicht verpassen
★★ besonders sehenswert
★ wichtig für speziell interessierte Besucher

Planquadrat im Kartenmaterial

[A1] Orte ohne diese Angabe liegen außerhalb unserer Karten. Ihre Lage kann aber wie die aller Ortsmarken mithilfe der begleitenden Web-App angezeigt werden (s. Anhang).

Vorwahlen

- für Deutschland: 0049
- für Nürnberg/Fürth: 0911

Updates zum Buch

www.reise-know-how.de/citytrip/nuernberg24

▷ Der Schöne Brunnen auf dem Hauptmarkt ⓬ verdankt seinen Namen den bunten Verzierungen

NICHT VERPASSEN!

1 Kaiserburg [F2]
Der Sandsteinfelsen, auf dem die Kaiserburg thront, ist die Keimzelle Nürnbergs. Gefördert von den Staufern, entwickelte sich die Siedlung zur wichtigsten Stadt des Reiches (s. S. 16).

4 Albrecht-Dürer-Haus [F3]
Früher gehörte das Haus Nürnbergs berühmtestem Sohn, heute informiert ein Museum über sein Leben und seine Werke (s. S. 21).

6 23 Sebaldus- [F3] und Lorenzkirche [G4]
Die beiden Teile der Nürnberger Altstadt sind nach ihren Hauptkirchen benannt, die bedeutende Werke namhafter Nürnberger Kunsthandwerker beherbergen (s. S. 25 und S. 41).

11 Altes Rathaus und Lochgefängnisse [F3]
Das Alte Rathaus zeigt die Pracht der Freien Reichsstadt, die Lochgefängnisse die Härte ihrer Rechtsprechung (s. S. 29).

12 Hauptmarkt [F4]
Bunt und lebendig präsentiert sich hier der Gemüsemarkt. Das „Männleinlaufen" an der Frauenkirche zieht jeden Mittag die Blicke auf sich (s. S. 31).

27 Neues Museum [G5]
Der moderne Museumsbau setzt architektonische Maßstäbe und zeigt Kunst und Design (s. S. 43).

28 Germanisches Nationalmuseum [F5]
Das größte kulturhistorische Museum Deutschlands spiegelt die Kunst- und Kulturgeschichte von der Steinzeit bis heute wider (s. S. 44).

50 Dokumentationszentrum Reichsparteitagsgelände [ek]
Im Dokumentationszentrum in der Kongresshalle der Nationalsozialisten wird der Aufstieg und Untergang des Dritten Reiches eindrucksvoll präsentiert. Einen Steinwurf entfernt steht die große Steintribüne des Reichsparteitagsgeländes (s. S. 61).

NÜRNBERG ENTDECKEN

128ng Abb.: ©Dan Race, stock.adobe.com

Willkommen in Nürnberg

Vollkommen zu Recht hat sich die Metropole des Frankenlands in den vergangenen zwanzig Jahren zu einem **Ziel für Städtereisen** gemausert. Das hat allerdings weniger damit zu tun, dass die Franken lautstark für sich Werbung machen würden. Sie sind vermutlich deutsche Meister in der Disziplin „Eigenes Licht unter den Scheffel stellen" und auch sonst eher zurückhaltend im Umgang mit anderen Menschen. Dennoch hat sich Nürnberg zu einer attraktiven, selbstbewussten und modernen Großstadt entwickelt.

010ng Abb.: bs

◻ *Vorseite: Die Kaiserburg* **1**, *unangefochtenes Wahrzeichen Nürnbergs*

Die bedeutende Rolle, die Nürnberg im ausgehenden Mittelalter und zu Beginn der Neuzeit gespielt hat, ist noch heute in der Nürnberger Altstadt erkennbar. Trotz großer Zerstörungen im Zweiten Weltkrieg gelang es, das **Stadtbild** und die **Struktur** wieder herzustellen. Die **Altstadt** ist auch der Grund für den **Nürnberg-Mythos**, der in der deutschen Romantik einsetzte und die Stadt zum einzigartigen **Idealbild einer mittelalterlichen Stadt** verklärte. Und wer möchte beim Betrachten des Stichs aus der Schedelschen Weltchronik (s. S. 99) widersprechen? Hinter einer wehrhaften Stadtmauer, reich an Türmchen, steigt die Stadt den Hang empor, ein unübersichtliches Gewirr von Dächern, Giebeln und Erkern. Die beiden großen Kirchen und weitere Türme überragen das Häusermeer und über all dem thront die Kaiserburg.

Auch heute ist die **Burg** **1** für Besucher wie für Einheimische immer noch Blickfang und Anziehungspunkt. Das Mittelalterliche bleibt mit den engen Gassen, vielfältigen Dachlandschaften und (oft rekonstruierten) historischen Gebäuden in der Stadt weiterhin spürbar. Es dominiert der rötliche Sandstein, der aus den Steinbrüchen östlich von Nürnberg herangeschafft und mit feinen Steinmetzarbeiten veredelt wurde.

Nach wie vor ist die **Altstadt** das Wohnzimmer der Nürnberger. Sie ist zugleich Einkaufs- und Flaniermeile, verfügt über Kneipen, Cafés, Restaurants und Kinos, ist Schauplatz zahlreicher Feste und Veranstaltungen und bietet auch das ein oder andere Plätzchen, um die Seele baumeln zu lassen. Wie im Mittelalter sind die eigenen Füße hier das Fortbewegungs-

Das gibt es nur in Nürnberg

- An erster Stelle ist natürlich die **Nürnberger Rostbratwurst** zu nennen. Diese gut daumengroße Delikatesse gehört seit 2003 als „geschützte geografische Angabe“ quasi per Gesetz zum „Weltkulinarerbe“ und schmeckt sowohl im Restaurant mit Sauerkraut auf Zinnteller als auch in der Fast-Food-Variante „Drei im Weggla“ (s. S. 73).
- Ein ganz besonderes Exponat befindet sich im Germanischen Nationalmuseum 28: Der **Globus von Martin Behaim** gilt als älteste erhaltene Darstellung der Erde als Kugel. Das Besondere daran ist, dass der amerikanische Doppelkontinent und Australien fehlen: Das kartografische Meisterwerk wurde 1492 fertiggestellt, also just im Jahr der Entdeckung Amerikas.
- Das **Bardentreffen** lockt jedes Jahr über 200.000 Besucher an. Es ist Deutschlands beliebtestes und bedeutendstes Festival für Weltmusik und bietet eine Bühne für prominente, aber auch für unbekannte Liedermacher, Singer-Songwriter, Folkmusiker und Straßenmusikanten (s. S. 96).
- Der **Christkindlesmarkt** ist zwar nicht der einzige Weihnachtsmarkt in Deutschland, wohl aber der bekannteste. Und das ist kein Wunder, denn schließlich ist hier das Christkind zu Hause (s. S. 94).

mittel der Wahl. Für Abstecher außerhalb der Altstadtmauern steht der gut ausgebaute öffentliche Nahverkehr zur Verfügung.

Trotz der Dominanz der „alten Zeiten“, Nürnberg kann auch „modern“. Der früher schlecht beleumundete Stadtteil **Gostenhof** wandelt sich zum kreativen **Szeneviertel „GoHo“.** Coole Läden und trendige Kneipen wechseln sich mit türkischen Gemüsehändlern und alteingesessenen Fachgeschäften und Werkstätten ab. Am deutlichsten manifestiert sich die **Moderne** aber im sogenannten **Business Tower** (Ostendstraße 100), in dem eine Versicherungsgruppe residiert. Mit 135 m Höhe war er nach der Fertigstellung 2000 vier Jahre lang das höchste Gebäude Bayerns und gilt als Wahrzeichen des modernen Nürnberg. Bereits in der Aufbauphase nach dem Zweiten Weltkrieg entstand mit dem damals ultramodernen, 56 m hohen Plärrer-Hochhaus das erste Hochhaus Bayerns hier in Nürnberg.

Dass sich Modernität und Mittelalter nicht zwingend beißen müssen, beweist das **Neue Museum** 27. Hier gelang es den Architekten, direkt hinter der Stadtmauer einen Glas- und Stahlkubus sensibel in die historische Bausubstanz einzufügen. Der Platz vor dem Museum ist einer der spannendsten Orte der Stadt und die Sammlung an Gegenwartskunst und Designobjekten innen ergänzt die Nürnberger Museumswelt um einen weiteren, bisher fehlenden Baustein.

Wahrzeichen des modernen Nürnberg: der Business Tower (Ostendstraße 100)

Nürnberg an einem Tag

Franken hat sich zu einer interessanten und vielfältigen Urlaubsregion entwickelt. Insbesondere **Aktivurlauber** kommen auf ihre Kosten. Wanderer, Radfahrer, Kletterer oder Kanufahrer finden im Steigerwald, in der Fränkischen Schweiz, der Frankenalb, dem Seenland oder dem Altmühltal hervorragende Angebote. Ein Tagesausflug in die **Metropole Nürnberg** ist dabei in der Regel ein fester Bestandteil der Ferien. In der Adventszeit lockt Deutschlands berühmtester Weihnachtsmarkt, der Christkindlesmarkt (s. S. 94), Tagesgäste. Doch wie kann ein Tagesbesuch sinnvoll organisiert werden? Folgt man dem auf Seite 13 beschriebenen **Stadtspaziergang**, lassen sich die verschiedenen Facetten Nürnbergs bequem zu Fuß an einem Tag kennenlernen.

Hoch über den Dächern der Stadt thront die imposante Burganlage ❶

103ng Abb.: bs

Kurztrip nach Nürnberg

An zwei Tagen lässt sich Nürnberg gut entdecken. Der Besuch muss nicht auf die Altstadt beschränkt bleiben. Je nach Interesse kann man den einen oder anderen Museumsbesuch einstreuen oder auch einen Abstecher ins Grüne einplanen. Der folgende Vorschlag deckt viele Facetten ab und lässt ausreichend Raum, das Flair der Stadt auf sich wirken zu lassen.

1. Tag

Ein Aufenthalt in Nürnberg sollte mit dem Besuch des Wahrzeichens der Stadt beginnen: Die **Kaiserburg** ❶ thront weithin sichtbar auf einem Sandsteinfelsen im Norden der Altstadt. Der Aufstieg dorthin lässt sich nach dem Frühstück noch einfach bewältigen und von der Freiung kann man sich einen ersten Überblick über die Stadt verschaffen.

Auf dem Weg nach unten bietet sich ein Besuch beim Stadtheiligen in der **Sebalduskirche** ❻ an. Am **Hauptmarkt** ⓬ pulsiert dann das Leben. Marktstände bieten frisches Gemüse und Salate aus dem nahen Knoblauchsland, exotische Früchte aus aller Welt und sonstige Leckereien zum Sofortverzehr. Um 12 Uhr darf man das „Männleinlaufen" (s. S. 32) an der Frauenkirche keinesfalls verpassen.

Geht es zum ersten Mittagessen, kommt man natürlich an den Nürnberger Bratwürsten, eingenommen in einem der traditionellen Wirtshäuser, nicht vorbei. Für den Nachmittag könnte dann der Besuch der **Lorenzer Altstadt** (s. S. 98) auf dem Programm stehen. Auf die Besichtigung der **Lorenzkirche** 23 folgen ein Bummel durch die **Einkaufsmeilen** Karolinenstraße [F4] und Breite Gasse [F5] oder ein **Museumsbesuch.**

Am Südrand der Altstadt erwarten zwei Museen, die gegensätzlicher nicht sein könnten, ihre Besucher: das **Germanische Nationalmuseum** 28 und das **Neue Museum für Kunst und Design** 27. Zwar dreht sich in beiden Häusern alles um Kunst und Kultur, doch die ausgestellten Werke und die Architektur der Gebäude machen sie zu Gegenpolen. Der **Klarissenplatz** vor dem Neuen Museum ist städtebaulich einer der spannendsten Plätze Nürnbergs. Bei einem Stopp in einem der Cafés kann man ihn auf sich wirken lassen. Im Jahr 2021 wurde das **Zukunftsmuseum** 9 im Augustinerhof eröffnet, das Entwicklungen der Zukunft vorherzusagen versucht.

An Sommerabenden empfiehlt sich ein Spaziergang zum **Tiergärtnertorplatz** 3. Die zahlreichen Gasthäuser in der Nachbarschaft des **Albrecht-Dürer-Hauses** 4 bieten Leckeres zum Abendessen. Der Platz selbst ist Treffpunkt der Jugend. Straßenmusik und eine entspannte Atmosphäre stehen hier auf dem Programm.

2. Tag

Den Morgen kann man zu einem Besuch im **Tiergarten** 49 nutzen. Der einzigartige Landschaftszoo mit den Sandsteinbrüchen bietet überraschende Szenerien. Wenn mittags die Massen anrücken, kann man den Park verlassen und im Biergarten Gutmann am Dutzendteich (s. S. 80) das fränkischste aller Mittagessen bestellen, ein Schäufele mit Kloß.

Die Stärkung ist notwendig, denn weiter geht es mit einem Abstecher in Nürnbergs dunkelste Geschichte. Rund um den **Dutzendteich** stehen die baulichen Reste der Zeit des Nationalsozialismus. Auf der Steintri-

büne des Reichsparteitagsgeländes am **Zeppelinfeld** 51 spürt man einerseits den Atem der Geschichte, andererseits wundert man sich über den zwanglosen Umgang der Nürnberger mit diesem Ensemble. Auf der anderen Seite des Dutzendteichs wartet unübersehbar die Kongresshalle, in der das **Dokumentationszentrum Reichsparteitagsgelände** 50 untergebracht ist. Diese eindrucksvolle Ausstellung sollte jeder Nürnberg-Besucher einmal gesehen haben.

Wenn noch Zeit ist, bietet sich zur Erholung eine Fahrt mit Straßenbahnlinie 6 an, die quer durch Nürnberg zum **Johannisfriedhof** 44 fährt. Gerade in den Sommermonaten erwartet

Das Nürnberg-Bild im Wandel der Zeiten

Einst bezeichnete der „Spiegel" Nürnberg als „die langweiligste Großstadt Deutschlands" (Ausgabe 31/1992). Nach einigen Tagen heller Aufregung folgte die typisch fränkische Trotzreaktion: „Des is mir worschd". Seitdem floss viel Wasser die Pegnitz hinunter und es hat sich im In- und Ausland herumgesprochen, dass das Urteil des damaligen Autors weit gefehlt war.

Dass sich in Nürnberg viel um Vergangenheit dreht, ist leicht nachvollziehbar. In kaum einer anderen Stadt manifestiert sich **deutsche Geschichte** so eindrucksvoll wie hier. Der Übergang von Mittelalter zur Neuzeit bildete die ruhmreichste Epoche der Stadt als Zentrum von Handel, Handwerk, Wissenschaft und Kunst. Der Westfälische Frieden, mit dem 1648 der Dreißigjährige Krieg endete, wurde ein Jahr später in Nürnberg durch Beratungen und Vertragsabschlüsse vollendet und am 25. September 1649 mit dem Friedensmahl gebührend gefeiert. Die Vergangenheit der „deutschesten aller Städte" – so wurde Nürnberg im Zeitalter der Romantik verklärt – nahmen die **Nationalsozialisten** zum Anlass, Nürnberg, die „Stadt der Reichstage", zur „Stadt der Reichsparteitage" zu erheben. Als Mahnmale des Größenwahns stehen die Bauwerke dieser Epoche rund um den Dutzendteich südöstlich des Zentrums. Im Rahmen der Masseninszenierungen wurden 1935 während des Parteitags auch die unsäglichen **„Nürnberger Gesetze"** verkündet, Werke im Zeichen einer wahnsinnigen Rassenideologie. Damit boten die Nazis den **Alliierten** ein psychologisch wichtiges **Angriffsziel:** nicht nur den Industriestandort, sondern auch den **Mythos Nürnberg** selbst. Am Ende stand die nahezu komplette Zerstörung der Altstadt.

Die Stadt trug schwer an ihrer jüngeren Vergangenheit und der Rolle, die sie in Nazi-Deutschland gespielt hatte. Reichsparteitage und die „Nürnberger Gesetze" wirkten bis weit in die Nachkriegsjahrzehnte in den Köpfen der Nürnberger und lange war eine Art Kollektivscham für die Exzesse, die mit dem Namen ihrer Stadt in Verbindung standen, spürbar.

Es war ein Glücksfall, dass Nürnberg für die im November 1945 beginnenden Kriegsverbrecherprozesse als Standort gewählt wurde. Dies geschah weniger wegen der symbolischen Bedeutung, sondern aus pragmatischen Gründen, war doch der Justizpalast in der Fürther Straße groß genug und vor allem unversehrt geblieben. Die **„Nürnberger Prozesse"** waren global gesehen die ersten Richtersprüche zu Verbrechen gegen die Menschlichkeit

einen auf den Grabsteinen vieler prominenter Nürnberger ein Meer aus bunten Blumen. Unter anderem liegt hier Albrecht Dürer begraben.

Moderne Kunst trifft auf alte Gemäuer: der Skulpturengarten am Neuen Museum 27

und das Führen von Angriffskriegen. Sie bildeten den Anfang einer Entwicklung, an deren Ende das UN-Kriegsverbrechertribunal von Den Haag steht. Auf Nürnberg bezogen sorgten sie dafür, dass der Name nun positiv mit den Attributen „Frieden" und „Menschenrechte" besetzt wurde.

Die Chance, sich glaubwürdig als **„Stadt des Friedens und der Menschenrechte"** an die Spitze der Menschenrechtsbewegung zu setzen, wurde erkannt. Der **Internationale Menschenrechtspreis** und das wieder ins Leben gerufene **Nürnberger Friedensmahl** setzen Zeichen für Toleranz. Die konsequente Weiterentwicklung dieses Leitbildes zeugt vom neuen Selbstbewusstsein, ohne dabei die Exzesse während der Zeit des Nationalsozialismus zu übertünchen oder schönzufärben. Das **Dokumentationszentrum Reichsparteitagsgelände** 50 lässt auch heute keine Fragen offen.

Im heutigen Stadtbild manifestiert sich die neue Rolle Nürnbergs durch die **Straße der Menschenrechte** 29, ein eindrucksvolles Großdenkmal, das durch seine Lage direkt vor dem altehrwürdigen Germanischen Nationalmuseum geschickt die jüngste Entwicklung mit der großen Zeit Nürnbergs als heimliche Hauptstadt des Römischen Reiches Deutscher Nation verbindet.

Stadtspaziergang

Für die Nürnberger Altstadt sind die eigenen Beine das am besten geeignete Fortbewegungsmittel. Der Verlauf der hier geschilderten Route führt an den wichtigsten Sehenswürdigkeiten vorbei und ist im Faltplan mit einer farbigen Linie eingezeichnet.

Der Startpunkt ist die **Kaiserburg** 1, die mit der Straßenbahnlinie 4 (Haltestelle Tiergärtnertor) gut zu erreichen ist. Der Zugang erfolgt über die Holzbrücke vom Vestnertorgraben aus. Durch einen Tunnel gelangt man in die Burggrafenburg, wo sich von der Freiung aus ein herrlicher Blick über die Stadt eröffnet.

Ein Fußweg mit Treppe führt zur Burgstraße, wo sich ein beeindruckender Blick zum Alten Rathaus und dem Hauptmarkt auftut. Zunächst führt der Spazierweg jedoch direkt unterhalb der Burg die Straße Am Ölberg entlang. Über ein enges Gässchen gelangt man zum **Tiergärtnertorplatz** 3, der von **Dürer-Haus** 4, Pilatushaus, Tiergärtnertorturm und zahlreichen Gastronomiebetrieben eingerahmt ist. Vorbei am Denkmal Albrecht Dürers kommt man über die Bergstra-

101ng Abb.: bs

ße zum Sebalder Platz mit der dem Stadtpatron geweihten **Sebalduskirche** 6. Vor einer Besichtigung des Inneren mit dem Grabmal des heiligen Sebaldus sollte man die Kirche einmal umrunden, nicht nur wegen des Schreyer-Landauerschen Grabmals, sondern auch um die Fassade des **Alten Rathauses** 11 zu bewundern.

Wenige Schritte weiter laden am Weinmarkt kleine, individuelle Läden zum Schaufensterbummel ein. Die anschließende **Weißgerbergasse** 7 zeigt Alt-Nürnberg, wie es vor den Bombennächten des Zweiten Weltkriegs ausgesehen haben mag. Am Maxplatz wendet man sich dann nach rechts, um beim Überqueren der Pegnitz ein Postkartenpanorama mit **Weinstadel und Henkersteg** 31, einem imposanten Fachwerkhaus und der überdachten Holzbrücke zum ehemaligen Wohnhaus des Henkers, zu genießen.

Nach der Umrundung des imposanten **Unschlitthauses** (s. S. 48) führt der überdachte Henkersteg zum **Trödelmarkt** mit seinen Geschäften. Weiter geht es dann durch den 2021 erbauten **Augustinerhof** mit der Außenstelle des Deutschen Museums, dem **Zukunftsmuseum** 9. In einem Bogen zurück zur Pegnitz gelangt man durch das Portal mit dem Ochsen zur **Fleischbrücke** und dann zum **Hauptmarkt** 12 mit dem Schönen Brunnen, der Frauenkirche und dem Neuen Rathaus. Hinter dem Neuen Rathaus warten mit dem Bratwursthäusle (s. S. 77), dem Wirtshaus Zum Spießgesellen (s. S. 78) und

011ng Abb.: bs

dem Bratwurst Röslein (s. S. 78) drei Gastronomiebetriebe mit landestypischen Gerichten auf.

Von der **Museumsbrücke** [G4], die man über die Plobenhofgasse an der Südostecke des Hauptmarkts erreicht, hat man einen Postkartenblick auf die Bögen des **Heilig-Geist-Spitals** 17, die den nördlichen Pegnitzarm überspannen. Die Pegnitz wird jetzt jedoch noch nicht überschritten. Über die Spitalgasse und den Hans-Sachs-Platz mit dem Denkmal für den gleichnamigen Schuster und Poeten, vorbei an Synagogendenkmal und Schuldturm benutzt man die Spitalbrücke, die Insel Schütt 18 und die Heubrücke zur Flussquerung. Sofort nach links abgebogen, geht es durch den engen Durchgang an der Straße Wespennest. Beim Hochsteigen der Treppe sieht man an deren Ende den umstrittenen **Neubau der Stadtbibliothek**, im Volksmund „Schuhkartons" genannt. Das Gebäude im Bauhausstil trieb den Verfechtern der Sandstein- und Butzenscheibenarchitektur die Zorneröte ins Gesicht. Dabei steht gegenüber auch das futuristische **Cinecittà** 20, eines er ersten Multiplexkinos des Landes. Ein Cappuccino in dessen Bauch oder auf der Dachterrasse ist jetzt sicher willkommen.

Nachdem man hinter dem massigen Komplex der Nürnberger Akademie abgebogen ist, führt der Weg hinter der Stadtmauer zum **Museum 22|20|18 Kühnertsgasse** 22 hinauf. Gleich danach schreitet man durch einen Torbogen in die Lorenzer Straße. Rechts erkennt man bereits Dach und Türme der **Lorenzkirche** 23, Nürnbergs zweiter Großkirche mit bedeutenden Werken von Veit Stoß und Adam Kraft. Die Königstraße entlangflanierend, erreicht man vorbei an der imposanten **Mauthalle** 24 und den beiden sich gegenüberliegenden Kirchen **St. Klara und St. Martha** 25 das Königstor mit dem markanten Turm, an dessen Fuß sich im Königstorzwinger der **Handwerkerhof** 26 befindet. Das Gebäudeensemble ist einem mittelalterlichen Städtchen nachempfunden und hier werden typische Nürnberger Produkte zum Verkauf angeboten. Beim Verlassen des Hofes durch das andere Tor gelangt man auf den Klarissenplatz, wo die gebogene Glasfassade des **Neuen Museums** 27 alle Blicke auf sich zieht. Durch den engen Durchgang entlang der Glasfront kommt man in die Luitpoldstraße, in der man sich links hält und nach zwei weiteren Richtungswechseln über Vordere Sterngasse und Klaragasse den Kornmarkt erreicht. Hier zweigt, markiert durch ein schlichtes, dreibogiges Tor, nach links die Kartäusergasse ab. Entlang dieser Gasse steht eine Reihe von Betonsäulen, in die die Artikel der Deklaration der Menschenrechte graviert sind und die zusammen mit dem Tor die **Straße der Menschenrechte** 29 bilden. Am Eingang zum **Germanischen Nationalmuseum** 28 in der Mitte der Gasse endet der Spaziergang.

Routenverlauf im Stadtplan

Der hier beschriebene Spaziergang ist mit einer farbigen Linie im Stadtplan eingezeichnet.

◁ Weinstadel, Wasserturm und Henkerturm bilden ein malerisches Ensemble 31

Die Altstadt

Die Nürnberger Altstadt wird nahezu vollständig von der mittelalterlichen Stadtmauer umfasst. Der Fluss Pegnitz spaltet sie in zwei Teile, den Sebalder und den Lorenzer Teil, die nach den beiden Hauptkirchen benannt sind. In der Altstadt finden sich fast alle Sehenswürdigkeiten aus Nürnbergs Zeit als inoffizielle Hauptstadt des Heiligen Römischen Reiches Deutscher Nation.

Im Stadtbild allgegenwärtig: die Kaiserburg

028ng Abb.: bs

1 Kaiserburg ★★★ [F2]

Das Wahrzeichen der Stadt, die Kaiserburg, thront auf dem höchsten Punkt der Innenstadt auf einem Sandsteinfelsen. Vom 11. bis zum 16. Jahrhundert residierten hier alle Kaiser des Heiligen Römischen Reiches Deutscher Nation und hielten zahlreiche Reichstage ab.

Mit der Bezeichnung „Kaiserburg" ist die Anlage eigentlich unzureichend beschrieben, denn die Burg besteht aus **drei Teilen** mit unterschiedlichen Bauherren und Besitzern. Der **älteste Teil** ist die ab etwa 1050 erbaute **Burggrafenburg.** Die Initiative zur ihrer Errichtung ging vermutlich vom salischen Königshaus aus. Zur Vertretung der königlichen Herrschaft wurde das Amt des Nürnberger Burggrafen geschaffen. Der **Fünfeckturm,** die **Walpurgiskapelle,** das **Burgamtmannshaus** und die **Freiung,** die einen spektakulären Blick nach Süden bietet, sind Teile dieser Anlage.

Etwa 100 Jahre später begann unter den Stauferkaisern Konrad III. und Friedrich I. Barbarossa der Anbau der **Kaiserburg,** die sich rasch zu einer der bedeutendsten Kaiserpfalzen im Reich entwickelte. Die Kaiserburg gliedert sich in den Inneren und den Äußeren Hof. Der **äußere Bereich** war vermutlich dem Tross vorbehalten. Hier befinden sich die **Himmelsstallung,** der **Tiefe Brunnen** und weitere Verwaltungsgebäude. Der kleinere **Heidenturm** und der freistehende **Sinwellturm** als Bergfried dominieren die Anlage. Letzterer und der Tiefe Brunnen (mit einer Tiefe von 47 Meter bis zum Grundwasserspiegel der Pegnitz reichend) können besichtigt werden.

Der **innere Bereich** der Burg war dem Kaiser und dem Hochadel vor-

Unterirdisches Nürnberg

Schon im Mittelalter hat man damit begonnen, den Burgberg mit seinen Sandsteinformationen auszuhöhlen. Die entstandenen Gangsysteme wurden ganz unterschiedlichen Nutzungen zugeführt. Es sind verschiedene geführte Touren möglich.

- •1 [F3] **Historische Felsengänge Nürnberg,** Bergstr. 19, Brauereiladen, www.historische-felsengaenge.de, Tel. 2449859, Mo.–Fr. 11–17 Uhr, Sa., So. 10–17 Uhr jeweils zur vollen Stunde. Eintritt: 12 €, erm. 9 €, Kinder unter 7 J. frei, Tickets online bestellbar. Treffpunkt und Kartenverkauf für alle Führungen. Infos über Themenführungen (Dunkel-, Kinder- u. Bierkellerführung), gelegentliche Kulturevents und die beiden Escape-Rooms auf der Website. Anbieter ist die Nürnberger Kellerverwaltungsgesellschaft.

Felsengänge: Über vier Etagen reichen die Felsenkelleranlagen im Burgsandstein. Bereits seit 1380 wurde hier nachweislich Bier vergoren oder gelagert. Während der Fliegerangriffe im Zweiten Weltkrieg suchte die Nürnberger Bevölkerung hier Schutz vor Bomben und Feuersbrünsten. Der Verein **Nürnberger Felsenkeller e.V.** bietet eine große Bandbreite an Themenführungen.

› **Informationen:** www.unterwelten-nuernberg.de, Tel. 227066, Tickets online buchbar

Historischer Kunstbunker: Bereits zu Beginn des Zweiten Weltkriegs wurden hier Räume geschaffen, um Kunstschätze über die Kriegszeit zu retten. Trotz schwieriger Rahmenbedingungen machte man es möglich, die Kunstwerke vor Feuer, Rauch oder gar Gas zu schützen und dennoch optimale Luft- und Feuchtigkeitsverhältnisse zu garantieren. Hier lagerten z. B. die Reichskleinodien (s. S. 30), das „Männleinlaufen" (die Kunstuhr an der Fassade der Frauenkirche), der „Engelsgruß" von Veit Stoß oder der „Behaim-Globus".

› Führungen tgl. 14 Uhr, Fr., Sa. auch 17.15 Uhr, Sa., So. auch 11.30 Uhr, Eintritt: 9,50 €, ermäßigt 8 €, Treffpunkt: Obere Schmiedgasse 52 [F2]. Über weitere Themenführungen des Vereins (Atombunker, Stadtmauerführung) informiert die Website.

Wehr- und Geheimgänge unter der Burg: Hinter den Mauern der Basteien wurden Gänge, die sogenannten Kasematten, gebaut, von denen aus es möglich war, Feinde im Burggraben überraschend anzugreifen. Zudem ermöglichten die geologischen Verhältnisse des Burgbergs die Gewinnung und Weiterleitung des versickerten Niederschlagswassers sowie die Entnahme des Wassers aus relativ geringen Tiefen. 1459 wurde diese Technik erstmals urkundlich erwähnt und bis ins 20. Jahrhundert genutzt.

› Führungen April–Okt. tgl. 14.30 Uhr, Sa., So., Fei. auch 11.30 und 16.30 Uhr, Eintritt: 9,50 €, ermäßigt 8 €, Treffpunkt: Obere Schmiedgasse 52 [F2]

behalten. Um den kleineren Hof gruppieren sich der **Palas**, wie das Hauptgebäude heißt, und die **Kemenate**, welche heute das Kaiserburg-Museum beherbergt. Im prächtigen Kaisersaal finden auch heute noch repräsentative Empfänge statt.

Am Schnittpunkt der beiden Höfe haben die Baumeister die romanische **Doppelkapelle** untergebracht. Die Oberkapelle mit dem Altar und der Kaiserempore kann nur vom Palast aus betreten werden, während der untere, wie eine Krypta anmuten-

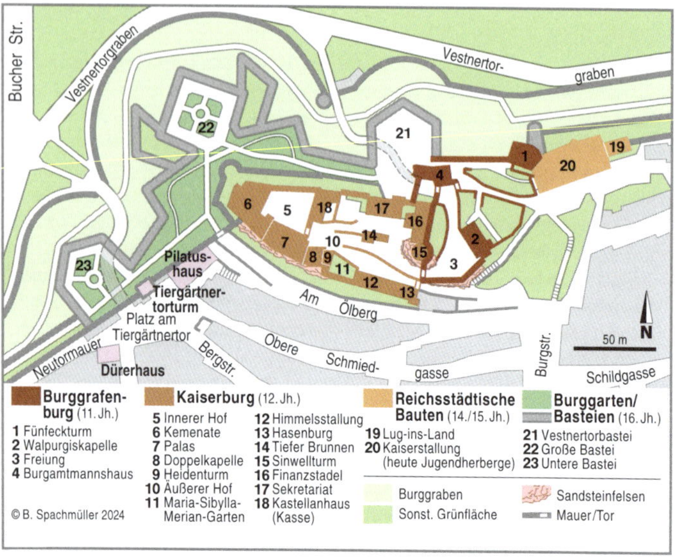

de Teil vom äußeren Hof zugänglich ist. Verbunden sind beide durch eine quadratische Öffnung im Boden bzw. der Decke. Die Kapelle ist damit ein Spiegel der mittelalterlichen Ständegesellschaft (Klerus und Adel gegenüber Bürgern und Bauern), was auch an den Baumaterialien (unten Sandstein, oben Marmor) ablesbar ist.

Im Osten schließen sich die **reichsstädtischen Teile der Burganlage** an. Grund für den Bau waren Differenzen zwischen den Burggrafen und dem erstarkten Bürgertum der Freien Reichsstadt. Der östlichste Turm (ca. 1377 erbaut) wurde scheinheilig **Luginsland** genannt, diente jedoch in erster Linie dazu, den Hof des Burggrafen zu überwachen. Die **Kaiserstallungen** von 1494/1495 mit dem eindrucksvollen Dach waren ursprünglich ein Kornspeicher. Heute ist dort eine der schönsten Jugendherbergen (s. S. 130) des Landes untergebracht. Letztmals erweitert wurde die Anlage 1538 bis 1545 durch den Anbau gewaltiger Basteien im Norden und Westen. Dort sind heute Gärten angelegt.

Betreten wird die Burg entweder von Süden über die steile Burgstraße oder von Norden über den Bürgermeistersteg am Vestnertorgraben. Beginnend am Hallertor führt ein idyllischer Schleichweg über die Bastionen vor der eigentlichen Stadtmauer hinauf zum Burggarten.

Die Burggrafenburg ist permanent zugänglich, die Kaiserburg nur zu den Öffnungszeiten. Im Zuge der Renovierungsarbeiten wurde von idyllische **Maria-Sibylla-Merian-Garten** geschaffen. Die Naturforscherin (1647–1717) lebte 14 Jahre in Nürnberg und nutzte diesen Garten für ihre Blumen- und Insektenstudien. Aufgund seiner Empfindlichkeit ist der Garten nur an zwei Tagen in der Woche für Besucher zugänglich (So., Mo. 14–18 Uhr). Im Zuge der 2021 abge-

Burglegenden

Der Teufel half mit

Für den Bau seiner Kapelle befahl der Kaiser den Einbau von Säulen aus italienischem Marmor. Leider geriet auch das Baugewerbe des Mittelalters bereits unter Zeitverzug, zu dem insbesondere der Import der Säulen aus dem Ausland beitrug. Als die Verzweiflung am größten war, meldete sich der Teufel persönlich und bot an, er würde die vier Säulen besorgen und zwar schneller, als der Kaplan eine Messe lesen könne. Im Falle seines Erfolgs forderte er die Seele des Kaplans. „Das schafft nicht mal der Teufel", dachte sich der Kaplan und sagte leichten Herzens zu. Natürlich war der Teufel schneller, doch als er mit der vierten Säule im Anflug war, hatte der Kaplan die rettende Idee. Er schlug das Messbuch, obwohl noch nicht fertig, zu und beendete die Messe mit dem Entlassungsruf „Ite missa est". Die verwunderten Gläubigen antworteten mit „Deo gratias". Der Teufel hörte nur diese letzten Worte, bemerkte, dass er seine Wette offensichtlich verloren hatte und schleuderte die Säule vor Wut zu Boden, worauf sie zerbrach. Aus diesem Grund trägt eine der vier Säulen einen Ring, mit dem der Bruch verdeckt wurde. Warum sich unterhalb des Rings noch ein weiterer Bruch befindet, ist nicht überliefert, aber Kaiser und Kaplan waren am Ende zufrieden.

Raubritter Eppelein

Eppelein von Gailingen war in der zweiten Hälfte des 14. Jh. ein berüchtigter Raubritter, der gerne und häufig die Handelszüge der Nürnberger „Pfeffersäcke" ausraubte. 1372 schien dem Spuk endlich ein Ende gemacht zu sein, denn Eppelein wurde in Forchheim gefangen genommen, auf die Nürnberger Burg gebracht und zum Tode verurteilt. Sein letzter Wunsch war es, auf seinem eigenen Pferd unter den Galgen geführt zu werden. Bevor ihm jedoch die Schlinge um den Hals gelegt werden konnte, trieb er sein Pferd an, setzte zum Entsetzen des Burggrafen in einem halsbrecherischen Sprung über Mauer und Burggraben hinweg und entkam. Die Nürnberger wurden dafür mit Spott überschüttet: „Die Nürnberger hängen keinen, sie hätten ihn denn zuvor." Der Abdruck, den der Pferdehuf angeblich in der Mauer hinterließ, ist – so die Legende – heute noch in der Nähe des Fünfeckturms zu sehen.

Neun Jahre später ging es doch zu Ende mit dem Raubritter. Eppelein und zwei seiner Gesellen wurden in Postbauer gefangen gesetzt und schließlich in Neumarkt/Oberpfalz qualvoll gerädert. In der Romantik wurde die Figur des Eppelein zu einer Art fränkischem Robin Hood verklärt. In Wahrheit war er wohl eine tragische Figur, die zwischen die Fronten geriet und Opfer politischer Machtgier wurde.

schlossenen Sanierung der gesamten Burganlage wurde das **Kaiserburg-Museum** als Außenstelle des Germanischen Nationalmuseums eingerichtet. Zu sehen gibt es Waffen und Rüstungen sowie astronomische Geräte aus der Zeit des Mittelalters.

› Auf der Burg 13, Tel. 2446590, www.kaiserburg-nuernberg.de, geöffnet: Apr.–Anf. Okt. 9–18 Uhr, Anf. Okt.–März 10–16 Uhr, Eintritt: Gesamtkarte 7/6 €, nur Palas mit Museum 5,50/4,50 €, Tiefer Brunnen nur mit Führung (im Eintritt enthalten), Audioguide: 2 €

(2) Stadtmauer ★★ [F5]

Die heute sichtbare **Stadtbefestigung** stammt aus dem 15. Jahrhundert und umschließt die Altstadt in Form eines Parallelogramms mit etwa 5 km Umfang. Kernstück der Wehranlage ist natürlich die Burg (1), aber besonders markant sind die vier **Türme an den Haupttoren.** Die gewaltigen runden Tortürme, das **Frauentor** am Hauptbahnhof (36), das **Spittlertor** am Plärrer (40), das **Neutor** unterhalb der Burg und das **Laufer Tor** am Rathenauplatz [I2/3] sind zu Erkennungszeichen Nürnbergs geworden. Am Neutor und am Spittlertor befinden sich auch noch die **Zwingeranlagen,** in den Frauentorzwinger ist der Handwerkerhof (26) eingebettet. Die vormals eckigen Türme wurden aufgrund der Verbreitung von Kanonen **rund ummantelt,** da runde Mauern die Wucht eines Treffers besser ableiteten. Weitere Tortürme sind Tiergärtnertor und Vestnertor an der Burg sowie Fußgängertore an der Pegnitz. Im Bereich des Tiergärtnertorturms kann der **Wehrgang** vom Burggarten aus betreten werden.

In den Mauerring eingebaut waren **etwa 130 Türmchen,** die sich in Form, Grundriss und Höhe komplett voneinander unterschieden und von denen die meisten auch heute noch stehen. Diese Vielfalt ist das Besondere der Nürnberger Stadtbefestigung. In der Neuzeit wurde neben den Haupttoren noch eine Vielzahl weiterer Öffnungen geschaffen. Südlich des Laufer Tors fehlt die Stadtmauer auf etwa 300 m Länge. Zur Wehranlage gehört auch der **Stadtgraben,** der zu jeder Jahreszeit zu einem Spaziergang einlädt und trotz des Verkehrs auf den Ringstraßen eine Oase der Ruhe darstellt.

Aufgrund seiner Größe und des Erhaltungszustandes gibt es in Mitteleuropa kein vergleichbares wehrtechnisches Bauwerk. Es hat seinen Zweck erfüllt, denn erst 1945 wurde die Stadt zum ersten Mal militärisch eingenommen.

MEIN TIPP

Erinnerungen an die Bombennächte

Der Förderverein Nürnberger Felsengänge e. V. lädt jedes Jahr Anfang Januar zu Führungen in die sonst nicht zugänglichen **Luftschutzbunker** unter der Altstadt ein. Die Anlagen boten Tausenden Nürnbergern während der Bombennächte 1944/45 Schutz, aber auch Behörden und Verwaltungsstellen waren dort untergebracht. Die Führungen sind gut besucht, Kartenvorverkauf unter www.felsengaenge-nuernberg.de.

(3) Tiergärtnertorplatz ★★ [F2]

Unterhalb der Burg befindet sich wie eine schiefe Ebene der malerische Tiergärtnertorplatz. Der Name geht auf ein Wildgehege der Burggrafen vor der Stadtmauer zurück.

Vor allem im Sommer zieht es zahlreiche **Besucher** hierher. Gaststätten laden zum Verweilen im Freien ein, Straßenmusikanten bringen ihre Talente zu Gehör und Dürers Hase beobachtet in Erz gegossen die ganze Szenerie. Dominiert wird der Platz vom **Tiergärtnertorturm,** der durch den Bau der Bastionen seine Bestimmung als Haupttor verlor. Stattdessen wurde etwas weiter südlich das Neutor erbaut. Das auffällige Fachwerkhaus mit dem Giebelerker an der nördlichen Ecke des Platzes ist das **Pilatushaus,** eines der wenigen erhaltenen spätgotischen Bürgerhäuser. Es gehörte dem Plattner (Har-

MEIN TIPP

Biervielfalt

Im Wanderer Bieramt (s. S. 82), der Kneipe an der höchsten Stelle des Tiergärtnertorplatzes, kann man die Vielfalt der fränkischen Landbiere kosten. Hier erhält man Gerstensaft fernab von Mainstream und Fernsehwerbung.

nischmacher) Hans Grünwald, der auch die Figur des hl. Georg in voller Rüstung als Handwerkssymbol an der Hausecke anbringen ließ. Die Sanierung durch die Altstadtfreunde (s. S. 34) ist im Gange.

4 Albrecht-Dürer-Haus ★★★ [F3]

Am Tiergärtnertorplatz zu Füßen der Kaiserburg steht das ehemalige Wohnhaus von Nürnbergs berühmtestem Sohn, dem Maler, Grafiker, Mathematiker und Kunsttheoretiker Albrecht Dürer.

Auf einem zweigeschossigen **Sandsteinmauerwerk** ruhen zwei weitere Geschosse, die in **Fachwerkbauweise** errichtet wurden. Bei der auffälligen Dachkonstruktion handelt es sich um ein **Krüppelwalmdach.** Der Erker des Hauses wurde erst im 19. Jh. angebaut. Dürer erwarb dieses Gebäude im Jahre 1509, in dem er auch Mitglied im „Größeren Rat" der Stadt war, für 275 Gulden und bewohnte es zusammen mit seiner Frau Agnes bis zu seinem Tod im Jahr 1528.

Das Haus ist heute im Besitz der Stadt und beherbergt ein **Museum,** das Informationen über den Künstler, seine Arbeit und die verwendeten Techniken sowie das historische Umfeld vermittelt. Im Dürer-Jahr 1971 wurde es anlässlich des 500. Geburtstags durch den modernen, **architektonisch fragwürdigen Anbau** des **Dürer-Saals** erweitert.

In den vergangenen Jahren erfuhr das Haus eine inhaltliche Neukonzeptionierung. An einer **Medienstation** kann man sich am Beispiel von 43 Werken aus den 43 Schaffensjahren Leben, Werk und Entwicklung des Meisters interaktiv nähern. Im Dürer-Saal werden die **wichtigsten Werke,** die ja in Museen in ganz Europa ver-

620ng Abb.: ctz

Dieses Eckhaus bewohnten Agnes und Albrecht Dürer ab 1509

Albrecht Dürer

Spricht man über Nürnberg, kommt man an Albrecht Dürer nicht vorbei. Er gilt als der bedeutendste deutsche Maler und Grafiker, hat aber auch in der Mathematik und Architektur seine Spuren hinterlassen.

Albrecht Dürer wird am 21. Mai 1471 als drittes von 18 Kindern des aus Ungarn eingewanderten Goldschmieds Albrecht Dürer d. Ä. (ca. 1427–1502) und der Nürnbergerin Barbara Holper (1452–1514), Tochter des Goldschmieds Hieronymus Holper, geboren. Nur drei ihrer Kinder überleben. Der ursprüngliche **ungarische Familienname** lautet **Ajtós.** Das ungarische „Ajtó" bedeutet eigentlich „Tür", eingedeutscht kommt dabei aber der Name „Thürer" heraus, aus welchem sich dann aufgrund des fränkischen Zungenschlags „Dürer" entwickelt. Albrecht Dürer dem Älteren wird das „Schlüsselfelder Schiff", eine kunstvolle Goldschmiedearbeit in Form eines Segelschiffs, zugerechnet. Das Kunstwerk befindet sich im Germanischen Nationalmuseum 28.

031ng Abb.: bs

Albrecht Dürer der Jüngere erlernt zunächst ebenfalls das **Goldschmiedehandwerk.** Aufgrund seiner zeichnerischen Begabung gibt der Vater aber seinem Wunsch, Maler zu werden, nach und gibt ihn in die Werkstatt von **Michael Wolgemut.** In dieser frühen Phase ensteht Dürers Selbstbildnis, das er als Dreizehnjähriger vor dem Spiegel mit Silberstift (Vorläufer des Bleistifts) anfertigt. Bei Wolgemut lernt er von 1486 bis 1490 und begibt sich dann vier Jahre auf **Wanderschaft.** Aus dieser Zeit sind nur ein Aufenthalt in Basel und das Mitwirken am Buch „Narrenschiff" von Sebastian Brant gesichert, für das er Holzschnitte erstellt.

Zurück in Nürnberg heiratet er **Agnes Frey,** um nur drei Monate später die erste Italienreise anzutreten. Dort lernt er am Beginn der Renaissancezeit die Kunst der **Porträtmalerei** kennen. Bereits im nächsten Jahr kehrt er nach Nürnberg zurück. Er widmet sich nun der Malerei und vor allem auch dem **Kupferstich** sowie dem **Holzschnitt.**

1505 reist er nach **Venedig,** wo er u. a. **Tizian** und **Bellini** kennenlernt. Obwohl er in Venedig hohe Anerkennung findet, lehnt er eine gut dotierte Anstellung ab und kehrt 1506 wieder nach Nürnberg zurück. Während der Regentschaft Kaiser Maximilians I. erkennt man sein Ausnahmetalent endlich auch in der Heimat an. 1509 wird er in den **Rat der Stadt** berufen, worauf er das Haus (4) am Tiergärtnertorplatz kauft. Im Auftrag des Kaisers fertigt er mehrere Werke an. Der Schwerpunkt seiner Arbeit liegt nun aber im Bereich des Holzschnitts und des Kupferstichs. Außerdem verfasst er **theoretische Werke zur Malerei** und beschäftigt sich mit **Mathematik.**

Seine letzte Reise, diesmal zusammen mit Agnes, führt ihn 1520/21 in die **Niederlande,** wo er unter anderem **Erasmus von Rotterdam** trifft. Die Stadt Antwerpen bietet ihm ein Haus, eine Festanstellung und ein Jahresgehalt – ein Angebot, das er aber erneut ablehnt.

Nach seiner Rückkehr nach Nürnberg widmet er sich weiter seiner Kunst, daneben verfasst er Werke zum Festungsbau und das erste deutschsprachige Mathematikbuch, in das auch eigene Erkenntnisse im Bereich der konstruktiven Geometrie einfließen. Er leidet zunehmend unter den **Folgen einer Malaria,** die er sich vermutlich auf seiner letzten Reise zugezogen hat. Am 6. April 1528 stirbt er an den Folgen dieser Erkrankung. Agnes Dürer lebt noch 11 Jahre länger. Ihre Ehe bleibt kinderlos.

Die **Bedeutung Dürers für die Kunst** liegt darin begründet, dass er sich nicht auf die Darstellung religiöser Szenen oder Herrscherfiguren beschränkte. Er porträtierte **einfache Leute** und sehr oft auch sich selbst, aber vor allem bildete er auch **Landschaften, Tiere** und **Pflanzen** ab. **Holzschnitte** und **Kupferstiche** erhob er durch sein Können von der Gebrauchsgrafik – also der schlichten Illustration eines Buches – zu einer Kunstform. Möglicherweise spielte dabei aber auch die Erkenntnis eine Rolle, dass es auf Dauer lukrativer ist, Druckgrafiken zu verkaufen und nicht gemalte Unikate. Dürers **theoretische Schriften** zu Perspektiven und Proportionen beeinflussten die Kunst maßgeblich.

Die Werke Albrecht Dürers sind heute **über ganz Europa verstreut.** Lissabon, Madrid, Paris, London, Prag, Wien, Florenz, Berlin, München – alle bedeutenden Kunstmuseen haben ihren Dürer. Einige seiner Gemälde hängen auch im „Germanischen" (28). Gefallen hätte dem Künstler vermutlich, dass seine Portraits auf den **DM-Scheinen** Verwendung fanden.

1840 wurde mit dem **Standbild Dürers** auf dem Albrecht-Dürer-Platz [F3] das erste deutsche Denkmal enthüllt, das einem Künstler gewidmet ist. Das einfache **Grab** Albrecht Dürers auf dem Johannisfriedhof (44) ist ebenfalls öffentlich zugänglich. Die Grabinschrift wurde von Dürers Freund, dem Humanisten **Willibald Pirckheimer,** verfasst und lautet: „Alles, was von Albrecht Dürer sterblich war, liegt unter diesem Hügel begraben." Über die Beziehung von Dürer und Pirckheimer wurde viel spekuliert, sichere Erkenntnisse über ein homoerotisches Verhältnis gibt es allerdings nicht.

Seit 2015 trägt Nürnbergs Flughafen den Namen Albrecht-Dürer-Airport Nürnberg.

Das Bronzestandbild Dürers, geschaffen vom Nürnberger Erzgießer Jacob Daniel Burgschmiet, steht auf dem Albrecht-Dürer-Platz [F3]

streut sind, als historische Kopien ausgestellt. Bereits im 17. Jahrhundert hatte man in Nürnberg begonnen, Kopien der Werke des namenhaften Sohns der Stadt anzufertigen.

Das 3. Obergeschoss wurde für **Wechselausstellungen** konzipiert. Insbesondere die Graphische Sammlung der Stadt Nürnberg nutzt diese Räume zur Präsentation ihrer reichen Bestände.

Einmal täglich führt Agnes Dürer, die Gattin des Meisters (bzw. eine Fremdenführerin, die sie spielt), persönlich durch ihr Haus. Die Besucher erfahren dabei auch das ein oder andere private und unbekannte Detail aus dem Leben des Paares. Auch die Probleme in der Beziehung mit dem berühmten Ehemann werden nicht verschwiegen.

› Albrecht-Dürer-Str. 39, Tel. 231-2568, www.museen.nuernberg.de/duererhaus, Eintritt: 7,50 € (inkl. Audioguides), ermäßigt 2,50 €, Familienkarten für 1/2 Erw. und max. 3 Kinder 8 €/15 €, geöffnet: Di.–Fr. 10–17 Uhr, Sa., So. 10–18 Uhr, Juli–Sept. und während des Christkindlesmarktes auch Mo. 10–17 Uhr, an Feiertagen 10–18 Uhr

› **Führungen mit Agnes Dürer:** Di.–Do. u. Sa. 15, So. 11 Uhr, Aufpreis für Einzelbesucher: 4 €, ermäßigt 2 €

5 Stadtmuseum Fembohaus ★★ [F3]

Der niederländische Kaufmann Philipp van Oyrl ließ das Fembohaus 1591 bis 1596 erbauen. Im 17. Jahrhundert wurde es dann zum Wohnpalais des Patriziers Christoph Jakob Behaim umgestaltet, ehe es im 18. und 19. Jahrhundert die berühmte Homännische Landkartenoffizin beherbergte, den bedeutendsten Landkartenverlag Deutschlands. Aus den Händen des nächsten Besitzers, Georg Fembo, ging das Gebäude in das Eigentum der Stadt über und dient seit 1953 als Stadtmuseum.

Auf fünf Etagen sind hier eindrucksvolle **Exponate zur Nürnberger Geschichte** von 1050 bis ins 21. Jahrhundert ausgestellt. Die Zeitreise beginnt im Dachgeschoss mit dem Tönenden Stadtmodell. 1939 vollendet zeigt es das Gesicht Nürnbergs vor der Zerstörung im Zweiten Weltkrieg. Auf dem Weg nach unten erfährt man dann viel Wissenswertes zur Stadtgeschichte und betritt dabei **repräsentative Räume.** Besonders hervorzuheben ist Nürnbergs beeindruckendste **Barockstuckdecke** im 2. Obergeschoss, geschaffen vom italienischen Künstler Carlo Moretti Brentano anlässlich der Hochzeit von Christoph Jakob Behaim mit Maria Sabina Peller, beide aus dem Nürnberger Geldadel. Ein weiterer Höhepunkt ist das **„Schöne Zimmer“** aus dem Pellerhaus (s. S. 34). Die beweglichen Teile des Zimmers wurden während der Kriegsjahre abgebaut und eingelagert. Da das Pellerhaus praktisch komplett zerstört wurde, wurde die Einrichtung hier aufgebaut. Ein Kuriosum ist die Fingerhutsammlung der ehemaligen Landtagsabgeordneten Irmgard von Traitteur mit über 2000 Exponaten. **Sonderausstellungen** runden das Angebot des Museums ab.

› Burgstr. 15, Tel. 2312595, www.museen.nuernberg.de/fembohaus, Eintritt: 6 €, erm. 1,50 €, Familienkarten für 1/2 Erw. und max. 3 Kinder 6,50/12,50 €, geöffnet: Di.–Fr. 10–17 Uhr, Sa., So. 10–18 Uhr, während des Christkindlesmarktes auch Mo. 10–17 Uhr. **Bis Anfang 2024** laufen **Umbauarbeiten,** weshalb der 3. und 4. Stock nicht zugänglich sind. Im Sonderausstellungsbereich im EG sind wichtige Ausstellungsstücke zu sehen.

6 Sebalduskirche ★★★ [F3]

Die ältere der beiden Nürnberger Großkirchen trägt den Namen des Stadtpatrons und beherbergt dessen aufwendiges Grabmal. Kam der Kaiser nach Nürnberg, so führte ihn sein erster Weg zur Sebalduskirche.

Ab 1215 im spätromanischen Stil als **Pfeilerbasilika** erbaut, wurde die Kirche kaum 100 Jahre später dem neuen **gotischen Stil** angepasst. Sie erhielt neue **Seitenschiffe** und den hohen gotischen **Hallenchor** im Osten. Der romanische Westchor blieb aber erhalten. Die Bombennächte des Zweiten Weltkriegs überstand die Kirche mit **schwersten Beschädigungen,** wurde jedoch wieder aufgebaut. 1957 konnte das Gotteshaus feierlich eingeweiht werden.

An der Außenfassade beeindruckt das **Schreyer-Landauer-Epitaph** von Adam Kraft, zu finden am Ostchor gegenüber dem Rathaus. Das Portal an der Südseite zeigt schaurig das **Weltgericht** am Jüngsten Tag. Die **Westfassade** wird von einem beeindruckenden **Bronzekruzifix** dominiert, das um 1525 nach Plänen von Dürer gegossen wurde.

Hauptanziehungspunkt im Inneren der Kirche ist das **Grabmal des hl. Sebaldus** mit dem silbervertäfelten Schrein („Sarch") aus der Werkstatt des Nürnberger Erzgießers Peter Vischer d. Ä. Hervorzuheben ist auch noch die **Kreuzigungsgruppe** von Veit Stoß im Ostchor.

In seiner Schlichtheit beeindruckend ist das **Nagelkreuz**, das 1999 als Zeichen der Versöhnung von einer Delegation aus Coventry überreicht wurde. Es erinnert an das allererste Nagelkreuz, geschaffen aus Nägeln der im Zweiten Weltkrieg von deutschen Bombern zerstörten

033ng Abb.: bs

Die Türme der Sebalduskirche

Der heilige Sebaldus

Der **Nürnberger Stadtpatron** war ein **Einsiedler,** der im frühen 11. Jahrhundert in den Wäldern rund um Nürnberg gelebt und gewirkt haben soll. Wunder habe er vollbracht und Kranke geheilt, so erzählte man sich. Der **Legende** nach brachte nach seinem Tod ein Ochsenkarren ohne Kutscher den Leichnam zur damaligen Peterskapelle nach Nürnberg, wo er beigesetzt wurde. Ab etwa 1070 wurde Sebaldus als **Heiliger** verehrt und die Wallfahrten an sein Grab brachten den Nürnbergern zusätzliche Einkünfte.

Am 26. März 1425 wurde Sebaldus schließlich tatsächlich von Papst Martin V. heiliggesprochen. Kredite der Nürnberger Kaufleute zu lukrativen Konditionen sollen die **Heiligsprechung** allerdings begünstigt haben und selbstredend stiegen danach auch die Einnahmen aus dem Wallfahrtstourismus noch weiter an.

Dargestellt wird der heilige Sebaldus mit den **Insignien des Pilgers:** Stab, Hut und Jakobsmuschel. Mit der Wahl eines einfachen Eremiten zum Stadtpatron zeigten die selbstbewussten Nürnberger ihre **Unabhängigkeit** gegenüber den umliegenden Bischofssitzen Bamberg, Würzburg, Eichstätt und Regensburg.

032ng Abb.: bs

Kathedrale von Coventry, und symbolisiert Versöhnung statt Vergeltung.

› Sebalder Platz, Tel. 2142500 (Pfarramt), www.sebalduskirche.de, geöffnet: tgl., Jan.–März 9.30–16 Uhr, Apr.–Dez. 9.30–18 Uhr

Nördlich der Sebalduskirche schließt sich der **Sebalder Platz** an, an dem sich ab 1313 die **Moritzkapelle** und direkt an sie angebaut das **„Bratwurstglöcklein"** befanden. Beide Gebäude wurden im Zweiten Weltkrieg komplett zerstört und nicht mehr aufgebaut. Der frühere Grundriss ist durch andersfarbiges Pflaster am Boden kenntlich gemacht. Das Bratwurstglöcklein war, obwohl eher eine Garküche als ein Wirtshaus, weit über die Stadtgrenzen hinaus bekannt.

Im gotischen Chor der Sebalduskirche (6) befindet sich das Grabmal des Nürnberger Stadtpatrons

An der Ostseite des Platzes befindet sich das frisch sanierte **Pfarrhaus** mit einer Kopie (von 1902) des reich verzierten gotischen **Sebalder Chörleins.** Das Original ist im Germanischen Nationalmuseum (28) zu bewundern. Derartige „Chörlein" (Erker, Auskragungen im 1. Stock) kommen im Nürnberger Stadtbild häufig vor, wenn auch weniger schmuckvoll. In einigen Straßenzügen in der Nähe (z.B. Lammsgasse [F3], Füll [F3], Weinmarkt [F3]) kann man sie noch finden.

Das eindrucksvolle Sandsteingebäude mit der Sonnenuhr an der Nordseite des Platzes ist das **Schürstabhaus.** Für das Patrizierhaus wurden 1481/82 zwei Gebäude aus dem 12. Jahrhundert zu einem zusammengefasst.

Ein paar Schritte den Berg hinauf gelangt man zum **Albrecht-Dürer-Platz** [F3], dem ehemaligen Milchmarkt. Dort steht ein monumentales **Bronzestandbild Dürers,** geschaffen in der renommierten Gießerei von Jakob Daniel Burgschmiet. Im Jahre 1840 enthüllt war dies das erste Denkmal in Deutschland, das einem Künstler gewidmet ist.

7 Weißgerbergasse ★★ [F3]

Der Straßenzug vom Weinmarkt hinunter zum Maxplatz ist die vermutlich **am besten erhaltene Gasse des alten Nürnberg.** Malerische Handwerkerhäuser in Fachwerkbauweise säumen zu beiden Seiten den Weg und lassen erahnen, was in den Bombennächten des Zweiten Weltkriegs verlorenging.

Früher war hier das lederverarbeitende Gewerbe, die Weißgerber, ansässig, weswegen die Gasse aufgrund des intensiven Geruchs, der mit dieser Tätigkeit einherging, nicht zu den ersten Adressen der Stadt gehörte. Heute sind hier etliche **Gastronomiebetriebe** mit unterschiedlichem Publikum zu finden.

Am Maxplatz [E/F3] finden sich auch zwei interessante Brunnen: Zur Wasserversorgung des westlichen Bereichs der Sebalder Altstadt wurde der **Tritonbrunnen** (1687) geschaffen. Als Vorlage diente ein Kupferstich der von Bernini geschaffenen Fontana del Tritone in Rom. In Betrieb ging der Brunnen am Tag der Krönung von Joseph, dem Sohn Kaiser Leopolds I., zum ungarischen König und es wurde auch gleich eine Gedenktafel angebracht. Hier bewies der Rat der Freien Reichsstadt Feingefühl und echte Kaisertreue.

Anlässlich von Dürers 350. Geburtstag wurde vom Architekten Karl Alexander Heideloff der **Dürer-Pirckheimer-Brunnen** (1821) entworfen. Er erinnert an die Freundschaft zwischen Albrecht Dürer und Willibald Pirckheimer und ist damit eigentlich ein Künstlerdenkmal für zwei bedeutende Persönlichkeiten der Nürnberger Kulturgeschichte. Die vergoldeten Plaketten an der Ost- und Westseite des Sandsteinpfeilers zeigen die Konterfeis der prominenten Herren.

8 Spielzeugmuseum ★★ [F3]

Im 1517 erstmals erwähnten Hallerschen Haus (mit Chörlein) schlagen nicht nur die Kinderherzen höher, denn hier wird auf vier Etagen mit zahlreichen Exponaten aus mehreren Jahrhunderten die **Welt der Spielwaren** ausgebreitet.

Von der ersten gewerblichen Herstellung von Holzspielzeug im 16. Jahrhundert bis zur modernen Bar-

MEIN TIPP

Cappuccino unter Docken

Auch ohne Eintrittskarte ist man im **Museumscafé** willkommen. Die Gäste sitzen auf der Terrasse, die Garteneisenbahn zieht ihre Kreise und darüber schwebt malerisch die Dockengalerie.

Was das ist? Unter „Docken" versteht man die gedrechselten Holzstäbe, aus denen sich das Geländer der malerischen, zweigeschossigen Balustrade zusammensetzt, die sich um den Innenhof des **Spielzeugmuseums** 8 zieht. Außerdem bildeten solche Docken aus Holz oder Ton auch die Basis für Puppen oder Figuren.

› Öffnungszeiten: Juli–Sept. Di.–So. 15–22 Uhr

biepuppe werden die Aspekte des Spielens und die Wandlungen der Waren beleuchtet.

Selbst spielen können große und kleine Kinder natürlich auch: Im Dachgeschoss befindet sich ein Kinderbereich und im Garten (Mai–Okt.) können alte Spiele aus Urgroßmutters Zeiten oder auch Geschicklichkeitsspiele ausprobiert werden. Besonders reizvoll ist auch der Besuch des **Schattenreiches** im spätmittelalterlichen Kellergewölbe. Im Rahmen von Führungen kann man hier z. B. erleben, wie das Spiel mit Licht und Schatten zur Entwicklung verschiedenster optischer Spielzeuge geführt hat, und mithilfe von 3-D-Brillen Spielzeuge aus ungewöhnlichen Perspektiven betrachten.

› Karlstraße 13–15, http://museen.nuernberg.de/spielzeugmuseum, Tel. 2313164, Eintritt: 7,50 €, erm. 2,50 €, Familienkarten für 1/2 Erw. plus Kinder 8/15 €, geöffnet: Di.–Fr. 10–17 Uhr, Sa., So. 10–18 Uhr, während des Christkindlesmarktes auch Mo. 10–17 Uhr, Führungen einmal im Monat Sa. (4 €)

9 Zukunftsmuseum ★★★ [F4]

Die Außenstelle des Deutschen Museums München ist der neue Stern am Nürnberger Museumshimmel, der im Jahr 2021 eröffnet wurde. Dort geht es um Dinge, die noch nicht passiert sind …

Wie entwickelt sich die Technik weiter? Welchen gesellschaftlichen Herausforderungen stehen wir in Zukunft gegenüber? Solchen Fragestellungen widmet sich dieses Museum in fünf Ausstellungsbereichen. In „Arbeit und Alltag" geht es um Dinge, die uns das Leben erleichtern sollen. **Künstliche Intelligenz und Roboter**, aber auch **Überwachung und Datensicherheit** werden thematisiert. In „Körper und Geist" geht es um **Altern, Medizintechnik und Biotechnologie.** Mit urbanem Leben in Megastädten beschäftigt sich „System Stadt": **Innovative Wohnkonzepte, Transport und Versorgungssysteme** stehen hier im Fokus. „Was machen wir aus der Erde?" ist die zentrale Frage der Abteilung „System Erde". **Nachhaltigkeit und Klimaneutralität** sind schon seit Jahren aktuelle Themen. In „Raum und Zeit" werden die planetaren Grenzen überwunden und **Visionen zum Schritt in den Weltraum** aufgezeigt.

Zum Ausstellungskonzept gehört es, dass viele Exponate an Mitmachstationen **interaktiv bedienbar** sind. Zusätzlich werden Workshops und Laborarbeitsplätze zum eigenen Forschen angeboten – ganz im Sinne von Willy Brandt: „Der beste Weg, die Zukunft vorauszusagen, ist, sie zu gestalten."

› Augustinerhof 4, Tel. 21548880, www.deutsches-museum.de/nuernberg, Eintritt: Erw. 9,50 €, erm. 6 €, Familien (max. 2 Erw. plus Kinder unter 17) 20 €, geöffnet: Di.–So. 10–18 Uhr

034ng Abb.: ctz

⑩ Bratwurstmuseum ★ [F4]

Es hat tatsächlich bis zum Jahr 2021 gedauert, ehe der **Nürnberger Bratwurst** endlich ein Museum gewidmet wurde. Die Besucher erfahren viel Aufschlussreiches rund um die kleine Wurst. Die handwerkliche Produktion steht im Mittelpunkt, aber auch, wie es zu den klassischen Darreichungsformen (Drei im Weggla, Sechs auf Kraut) kam. Nur das Rezept bleibt auch nach dem Besuch ein Geheimnis.

› Bratwurstgasse 1, Tel. 9373877, https://nuernberger-bratwuerste.de, Eintritt: Erw. 5 €, erm. 2,50 €, Kinder bis 6 J. frei, geöffnet: Di.–Fr. 10–17, Sa., So. 10–18 Uhr

⌃ *Das Einsitzen in den Lochgefängnissen war mit Sicherheit kein Vergnügen*

⑪ Altes Rathaus und Lochgefängnisse ★★★ [F3]

Das Alte Rathaus zeigt als Repräsentationsgebäude die einstige Macht der Stadt Nürnberg. Auch nach dem Wiederaufbau ist es ein Verwaltungsgebäude mit städtischen Dienststellen und kann nur in Ausnahmefällen besichtigt werden. Dafür entschädigt jedoch eine Führung in die Lochgefängnisse. Die Gänsehaut bei der Rückkehr ans Tageslicht ist aber nicht nur der Kühle des Kellers zuzurechnen.

Der Monumentalbau des Alten Rathauses besteht aus **drei Bauteilen.** Der älteste stammt aus den Jahren 1332 bis 1340 und beherbergt im ersten Stock den **großen Rathaussaal,** der zu seiner Zeit der größte gotische Saal eines Profanbaus nördlich der Alpen war. Unter diesem Bauteil befinden sich auch die Lochgefängnisse. 1514/1515 wurden die **Ratsstube** und der **Kleine Hof** angebaut.

Der neueste und größte Teil ist der sogenannte **Wolffsche Bau**, benannt nach dem Baumeister Jacob Wolff d. J. Der Prachtbau wurde zwischen 1616 und 1622 im Stil der italienischen Hochrenaissance errichtet. Ein Grund für den Bau war der Neubau eines Rathauses in Augsburg – damals einer der größten Konkurrenten der Kaufmannsstadt Nürnberg. Zentraler Blickfang sind die **drei Portale** in Richtung Sebalduskirche 6, deren Gestaltung bereits den Übergang zum Barock erahnen lassen. Zentral über den Portalen befinden sich, eingerahmt von allegorischen Figuren, die beiden **Stadtwappen Nürnbergs** und das **Reichswappen** über dem mittleren Tor. Die Anordnung symbolisiert die direkte Zusammengehörigkeit des Kaisers und der Freien Reichsstadt Nürnberg.

KURZ & KNAPP

Nürnberger Friedensmahl

Die Nachverhandlungen zum **Westfälischen Frieden** von 1648 fanden ein Jahr später in Nürnberg statt. Am 25. September 1649 lud der schwedische Bevollmächtigte und spätere König Karl Gustav die verhandelnden Parteien in den Nürnberger Rathaussaal zu einem **festlichen Bankett** ein, das als „Nürnberger Friedensmahl" bezeichnet wurde. Dem gemeinen Volk wurde währenddessen in den Straßen kostenlos Wein serviert, der aus dem Maul eines Löwenstandbilds sprudelte.

350 Jahre später wurde dieses Thema wieder aufgenommen: Nach der Verleihung des **Nürnberger Menschenrechtspreises** findet unter großer Beteiligung der Nürnberger Bürgerschaft zwischen Kornmarkt [F5] und Jakobsplatz 30 eine Friedenstafel statt. Die Tische werden bereitgestellt, man bringt sich sein Picknick mit und feiert zusammen. Als Benefizveranstaltung zugunsten der jeweiligen Preisträger und ihrer Projekte folgt im Jahr darauf das festliche Friedensmahl im historischen Rathaussaal, zu dem der Oberbürgermeister einlädt.

Nach Bombentreffern brannte der gesamte Komplex 1945 bis auf die Umfassungsmauer aus. Dabei wurden auch die Fresken im großen Rathaussaal, Albrecht Dürers flächenmäßig größtes Werk, unwiederbringlich vernichtet. Der Wiederaufbau erfolgte erst 1956 bis 1962. Mithilfe von Entwurfszeichnungen und wenigen Resten der Bemalung gelang 2012 der Versuch, Dürers Fresken für ein Wochenende an die weißen Wände des Saals zu projizieren. Damit wurde auch die Sehnsucht geweckt, man möge doch die alte Bemalung wieder herstellen. Im Jahr 2014 wurde sogar ein Bürgerbegehren für die Bemalung des Historischen Rathaussaals initiiert, das jedoch eine Ablehnung erfuhr.

Durch das Hauptportal betritt man die **Ehrenhalle**, in der Nachbildungen der **Reichskleinodien** (Kaiserkrone,

KURZ & KNAPP

Gänsemännchenbrunnen

Zwischen Neuem und Altem Rathaus 11 steht der **Gänsemännchenbrunnen** (um 1550), der einen modisch gekleideten Bauern mit zwei Gänsen unter dem Arm zeigt. Wegen seiner Volkstümlichkeit war der Brunnen schon immer sehr beliebt, wurden doch sonst üblicherweise nur Heilige oder Herrscher figürlich abgebildet. Gegossen wurde er vom Erzgießer Pangraz Labenwolf. Bis 1945 stand der Brunnen auf dem Obstmarkt, ehe er an seinen heutigen Standort versetzt wurde.

Zepter und Reichsapfel) ausgestellt sind. Außerdem lohnt sich auch der Blick in den **Großen Hof** mit dem **Rathausbrunnen** von Pangratz Labenwolf, der den Stil der Renaissance idealtypisch wiedergibt.

In der Ehrenhalle beginnt die ca. 20-minütige Führung durch die **Lochgefängnisse.** Dabei handelt es sich um eine Einrichtung, die man in unserem Sprachgebrauch als „Untersuchungsgefängnis“ bezeichnen würde. Die Art und Weise, wie die **Zellen** beschaffen sind und **Verhöre** geführt wurden, beweist, dass die Bezeichnung **„finsteres“ Mittelalter** durchaus seine Berechtigung hat, obwohl natürlich alles in Einklang mit den damals gültigen Gesetzen („Halsgerichtsordnung“) stand. Die Schilderungen des Führungspersonals lassen auch keine Fragen offen, sodass am Ende jeder froh ist, wieder ins Sonnenlicht entlassen zu werden. Kindern unter 10 Jahren wird der Besuch nicht empfohlen.

› **Lochgefängnisse,** Rathausplatz 2, Tel. 2312690, www.unterwelten-nuernberg.de, nur im Rahmen einer Führung zugänglich, tgl. 11–17 Uhr zu jeder vollen Stunde, Eintritt: 8 €, erm. 6 €, vorherige Buchung empfohlen

12 Hauptmarkt ★★★ [F4]

Die gute Stube Nürnbergs ist alljährlich der Schauplatz des Christkindlesmarktes. Die Entstehungsgeschichte ist allerdings wenig schmeichelhaft. Das sumpfige Gelände nördlich der Pegnitz überließ man einst den in Nürnberg ansässigen Juden. Da dieser Bereich durch das Zusammenwachsen des Lorenzer und Sebalder Stadtteils in die Mitte der Siedlung rückte, wurden dann aber Begehrlichkeiten geweckt. 1349 kam es mit

035ng Abb.: bs

Am Hauptmarkt ziehen Frauenkirche und Schöner Brunnen die Blicke auf sich

Genehmigung des Kaisers Karl IV. zu einem Pogrom. Die Bewohner wurden kurzerhand getötet und die Gebäude abgerissen.

Aufgrund der erheblichen **Zerstörungen** während des Zweiten Weltkriegs hat der zentrale Platz heute viel von seinem Gepräge verloren. Praktisch die gesamte Randbebauung aus Patrizier- und Kaufmannshäusern lag in Schutt und Asche. Zehn Jahre vorher waren auf dem damals nach Adolf Hitler benannten Platz die sogenannten **„Nürnberger**

Gesetze“ verkündet worden und anlässlich der Reichsparteitage fanden hier Aufmärsche statt.

Aber auch heute spielt der Hauptmarkt im Stadtleben immer noch eine bedeutende Rolle. Täglich werden an den **Marktständen** frische Waren aus dem ländlichen Knoblauchsland vor den Toren der Stadt und aus der ganzen Welt angeboten. Die bunten Stände mit frischem Obst und Gemüse ergeben ein malerisches Bild.

Im Norden wird der Platz vom **Neuen Rathaus** (mit der Tourist Information, s. S. 116) begrenzt. Dieser Zweckbau im Stil der 1950er-Jahre ist zwar im typischen Sandstein ausgeführt, hat aber nichts mit der ehemaligen Bebauung zu tun.

Frauenkirche

Die katholische **Stadtpfarrkirche „Unserer Lieben Frau“**, kurz Frauenkirche genannt, steht an der Stelle der 1349 zerstörten Synagoge und wurde von Kaiser Karl IV. gestiftet. Von der Balustrade der Kirche spricht das Nürnberger Christkind jedes Jahr den Eröffnungsprolog. Hauptattraktion ist jedoch das **„Männleinlaufen“**, das täglich um 12 Uhr zu bestaunen ist. Es erinnert an die Verkündung der Goldenen Bulle von 1356 in Nürnberg. Begleitet von Musikanten ziehen unterhalb des Uhrenblatts an der Kirche die sieben Kurfürsten dreimal um ihren Kaiser Karl IV. und huldigen ihm. Das Kunstwerk wurde 1509 vom Schlossermeister Jörg Heuß konstruiert.

Im Inneren des Gotteshauses ist der **Tucheraltar** als Zeugnis der Nürnberger Tafelmalerei vor der Zeit Dürers hervorzuheben. Der **Peringsdörffersche Sandstein-Epitaph** im linken Seitenschiff gilt als eines der Hauptwerke von Adam Kraft (ca. 1498). Es zeigt die Madonna mit Kind, die ihren Mantel schützend über die Stifterfamilie und die hierarchisch geordnete Menschheit legt.

Schöner Brunnen

Der zweite Blickfang auf dem Hauptmarkt ist der **Schöne Brunnen**, der ab 1385 errichtet und im Jahr 1396 fertiggestellt wurde. Überraschend ist seine Platzierung, denn er steht nicht etwa in der Mitte des weitläufigen Platzes, sondern an der nordwestlichen Ecke.

Der Schöne Brunnen ist das **repräsentativste Brunnenbauwerk der Stadt** und diente zunächst der Wasserversorgung. Seinen Namen gaben ihm die Bürger wegen seiner **Vergoldungen** und **bunten Bemalung.** Das schmiedeiserne Gitter kam erst 1587 dazu.

Da das Original des Brunnens stark verwittert ist, ist auf dem Hauptmarkt heute eine 1903 gefertigte **Kopie aus Muschelkalk** zu sehen. Die erhaltenen Reste des Originals befinden sich im Germanischen Nationalmuseum 28. Doch auch die Kopie ist sehr sehenswert. An den Ecken des Beckens sitzen **allegorische Figuren**, die die Philosophie und die sieben freien Künste symbolisieren. Die dahinter stehenden Figuren stellen die vier **Evangelisten** und die vier **Kirchenväter** dar. Aus dem Becken erhebt sich einer gotischen Kirchturmspitze gleich eine ca. 18 m hohe **Steinpyramide mit zwei Figurenreihen.** Die untere Etage zeigt die sieben Kurfürsten und neun christliche, jüdische und antike Helden, die obere Moses und die sieben Propheten.

In das schmiedeeiserne Gitter des Brunnens sind **zwei Ringe** eingearbeitet: ein glänzender Messingring und ein weniger auffälliger schmiede-

116ng Abb.: bs

eiserner. Das Drehen eines der Ringe soll Wünsche erfüllen, wobei nicht mehr überliefert ist, welcher von beiden gemeint ist. Wer sicher gehen will, dreht also am besten beide.

Wendet man dem Schönen Brunnen den Rücken zu und blickt nach Nordwesten, dann erkennt man am Gebäude der Industrie- und Handelskammer ein **Wandgemälde** mit dem Nürnberger Kaufmannszug und dem Spruch „Nürnberger Tand geht durch alle Land". Umrundet man dieses Gebäude, dann findet man in der Winklerstraße [F3/4] eine Kopie des **Wandreliefs der Stadtwaage** von Adam Kraft. Das Original befindet sich im Germanischen Nationalmuseum 28.

13 Fleischbrücke ★ [F4]

Die **Fleischbrücke** befindet sich an der südwestlichen Ecke des Hauptmarkts und ist ein Meisterwerk der Ingenieurskunst. An dieser engsten Stelle der Pegnitz befanden sich seit dem 11. Jh. mehrere Vorgängerbauten – zunächst aus Holz, später aus Stein – die jedoch allesamt durch Feuer oder Hochwasser zerstört wurden.

Der Neubau erfolgte 1596–1598 und nahm die **venezianische Rialtobrücke** zum Vorbild. Die Lager auf beiden Uferseiten standen in sumpfigem Gelände, weshalb eine Gründung mit über 2000 Eichenstämmen notwendig war. Mit einem einzigen kühnen **Bogen von 27 m Spannweite** überspannt die Fleischbrücke den Fluss. Zur Bauzeit hatte sie die größte Spannweite einer Steinbogenbrücke in Deutschland. Den Zweiten Weltkrieg überstand die Fleischbrücke ohne Schaden.

Den Namen hat sie vom ehemaligen Schlachthaus am nördlichen Brückenende, worauf auch der Ochse auf dem kleinen Portal hinweist. „Des hätt' der auf der Fleischbrüggn aa g'wusst" (gemeint ist der Ochse) ist in der Region ein geflügeltes Wort, wenn eine Frage recht unbefriedigend beantwortet wurde.

Die Fleischbrücke wirkt relativ unscheinbar, war zu ihrer Bauzeit aber ein technisches Meisterwerk

14 Egidienplatz ★ [G3]

Die schiefe Ebene des Egidienplatzes wird vom **Reiterstandbild Wilhelms I.** beherrscht, der hoch über den parkenden Autos „schwebt". Dahinter erhebt sich das **Pellerhaus,** einst das prächtigste Patrizierhaus Nürnbergs. Der aus dem Schwäbischen zugereiste Kaufmann Martin Peller wollte sich seine Stellung in der Nürnberger Gesellschaft durch den Bau eines prächtigen Familiensitzes erkaufen. Leider ist wenig davon geblieben, denn das Gebäude wurde nach immensen Kriegsschäden nicht restauriert. Die moderne Fassade des Pellerhauses steht als Beispiel für **architektonisch gelungenen Wiederaufbau** seit 1998 unter Denkmalschutz. Dem Verein Altstadtfreunde e.V. (s.u.) ist es zudem mithilfe der spendenfreudigen Bevölkerung gelungen, den Innenhof zu rekonstruieren. Geplant ist, hier ein „Haus des Spiels" unterzubringen. Der Hof kann während der Öffnungszeiten des dort ansässigen Stadtarchivs besichtigt werden. Das „Schöne Zimmer" des Pellerhauses befindet sich heute im Stadtmuseum Fembohaus 5.

Die evangelische **Egidienkirche** wurde auf den Mauerresten des Schottenklosters St. Egidien errichtet, das 1696 einem Brand zum Opfer fiel. Das heutige Gebäude, der einzige bedeutende Barockbau Nürnbergs, wurde 1711 begonnen. Die berühmte Stuckdecke des Italieners Donato Polli überstand jedoch die Bombennächte des Zweiten Weltkriegs nicht. Dem Brand des Schottenklosters entgangen sind drei aneinandergebaute Kapellen an der Südseite der Kirche: Die **Wolfgangskapelle** von 1437, die **Euchariuskapelle** (um 1125) als ältester Sakralraum der Stadt und die **Tetzelkapelle** (1345) mit dem Landauergrabmal von Adam Kraft bilden ein bemerkenswertes Ensemble. Die drei Kapellen können nur nach vorheriger Terminvereinbarung mit einer Mitarbeiterin des Pfarramts besichtigt werden (Tel. 465686).

> KURZ & KNAPP
>
> **Altstadtfreunde**
>
> Die Altstadtfreunde e.V. sind ein wichtiger Akteur der Zivilgesellschaft. Bereits 1950 gegründet, sind sie die größte Bürgervereinigung der Stadt. Ziel des Vereins ist es, das Ensemble der Nürnberger Altstadt als historischen Stadtkern zu bewahren. Das geschieht sehr aktiv durch Ankauf und Sanierung von Gebäuden, Restaurierung von Kleinobjekten wie Fassadenfiguren oder Sonnenuhren oder durch Einmischen in aktuelle Diskussionen. Die Verdienste um die Stadt sind enorm, gelegentlich schießen die Altstadtfreunde aber auch übers Ziel hinaus.

15 Museum Tucherschloss ★ [H2]

Die **Patrizierfamilie Tucher** ließ sich zwischen 1533 und 1544 auf einem Gartengrundstück einen repräsentativen **Sommersitz** erbauen. Nach der Zerstörung im Zweiten Weltkrieg ließ sie das Gebäude Ende der 1960er-Jahre wieder herstellen. Heute wird im Museum über das Leben dieser bedeutenden Familie während der Renaissancezeit informiert. **Wertvolle Möbel, Tapisserien** und **Werke namhafter Künstler** bilden das Interieur.

Im Garten befindet sich in einem separaten Bau der **Hirsvogelsaal.** Zwar überstand der Großteil des Interieurs den Zweiten Weltkrieg, das Gebäude selbst jedoch nicht. Erst im

Jahr 2000 entstand dank zahlreicher Sponsoren ein Neubau, in dem die wertvolle Ausstattung, v.a. die reich verzierte **Wandvertäfelung** und das **Deckengemälde** des Dürer-Schülers Georg Pencz, wieder präsentiert wird. Auch die **Familie Hirsvogel**, die um 1380 zuwanderte, gehörte zum Nürnberger Kaufmannsadel. Der Saal war das Hochzeitsgeschenk des Bräutigams Lienhard III. Hirsvogel an die Augsburger Patriziertochter Sabine Welser. Die Ehe wurde jedoch nach nur 18 Monaten unter skandalösen Umständen geschieden, weswegen Lienhard Nürnberg verlassen musste.

› Hirschelgasse 9–11, Tel. 2315421, www.museen.nuernberg.de/tucherschloss, Eintritt: Erw. 7,50 €, erm. 2,50 €, Familien 8/15 €, geöffnet: Mo. 10–15, Do. 13–17 Uhr, So. 10–17 Uhr

› **Klatsch und Tratsch:** Immer sonntags um 14 Uhr führt eine Schauspielerin als Katharina Tucher durch die Gemächer „ihres" Familienschlosses und weiß reichlich über die Nürnberger Gesellschaft des 16. Jh. zu berichten. Kosten: 4 € zusätzlich zum regulären Eintritt (erm. 2 €). In unregelmäßigen Abständen gibt es weitere Themenführungen, die einen Einblick in die Welt der reichen Pfeffersäcke zulassen. Außerdem sind der Hirsvogelsaal und der Garten ein geschmackvoller Rahmen für Sommerkonzerte (Termine im Internet).

16 Laufer Schlagturm ★ [H3]

Der Laufer Schlagturm bildet das **Osttor** der vorletzten Nürnberger Stadtmauer. Er stammt von 1250 und verkündete den Nürnbergern mittels der **Schlaguhr**, daher auch die Bezeichnung „Schlagturm", die Zeit. Nördlich des Turms befindet sich noch ein Stück der alten Befestigungsmauer.

036ng Abb.: bs

Der Laufer Schlagturm wäre Anfang des 19. Jh. beinahe abgerissen worden

Vor dem Tor am Inneren Laufer Platz befindet sich die **Landauerkapelle.** Sie ist Teil einer Stiftung des Kaufmanns Matthias Landauer, der um 1510 ein Altenheim für zwölf in Not geratene Handwerker bauen ließ. Das Gebäude gehört heute zum Willstädter-Gymnasium. Das von Dürer für die Kapelle gemalte Allerheiligenbild kann heute in Wien besichtigt werden.

Ein paar Meter stadteinwärts wartet in der Inneren Laufer Gasse das **Hut-Museum Brömme** (s. S. 69) auf Besucher.

Der Weg vom Laufer Schlagturm hinunter zur Pegnitz führt durch ein innerstädtisches Wohngebiet mit nur wenig Einzelhandel und Gastronomie.

Fränkisch-bayerische Befindlichkeiten

Im Jahre 1809, kurz nachdem Nürnberg und Franken auf Befehl Napoleons an Bayern fielen, beschlossen der bayerische **Polizeidirektor Wurm** und der **Generalkommissär in Ansbach** den Abriss des Laufer Schlagturms ⓰, da dieser „keinen Nutzen mehr habe". Die nicht informierte Nürnberger Bürgerschaft sah in dieser Maßnahme einen bayerischen Willkürakt und sogleich formierte sich der **Widerstand.**

Zwei Wochen nach dem Auszug des Türmers im März 1811 gelang es den Nürnbergern tatsächlich, in München den „Abbruch des Abbruchs" durchzusetzen. Die Polizeidirektion wurde für bereits erfolgte Beschädigungen verantwortlich gemacht.

Doch der **Kleinkrieg** ging weiter. Ein Silbersarg aus der Lorenzkirche ㉓ mit den Gebeinen des heiligen Deocarus wurde im selben Jahr vom bayerischen Fiskus zum Einschmelzen verkauft. Außerdem wurden – offiziell wegen der hohen Schulden, die der Rat der Stadt aufgehäuft hatte – zahlreiche Kunstwerke nach München gebracht, um die dortigen Museumsbauten zu füllen.

An der Haltung der Nürnberger, Weisungen der bayerischen Staatsregierung oder der Regierung von Mittelfranken als deren verlängertem Arm zunächst sehr **kritisch auf versteckte Fußangeln zu prüfen,** hat sich seitdem wenig geändert.

Dieser Bereich wurde die **„Sebalder Steppe"** genannt, da die komplette Bausubstanz hier nach dem Zweiten Weltkrieg praktisch zerstört war. Insbesondere durch den Bombenangriff vom 2. Januar 1945 und den anschließenden Feuersturm blieb hier kaum ein Stein auf dem anderen.

Das Gebiet wurde entlang der historischen Straßenzüge aber wieder aufgebaut. Wer mit offenen Augen durch die Straßen schlendert, der findet an den im Baustil eher schlichten Mehrfamilienhäusern viele **Gedenktafeln** und **Steinfiguren,** was an modernen Häusern etwas merkwürdig aussieht. Die Figuren wurden im Krieg rechtzeitig von ihren Besitzern entfernt und gesichert, wodurch sie der Zerstörung entgingen.

Das Heilig-Geist-Spital überspannt einen Arm der Pegnitz

⓱ Heilig-Geist-Spital ★ [G4]

Am Hans-Sachs-Platz, dem Schauplatz des alljährlichen Kinder-Christkindlesmarktes, wacht der berühmte Schuster und Poet über den Eingang zum Heilig-Geist-Spital. Besonders schön ist der Blick auf das **Sandsteingebäude am westlichen Ende der Insel Schütt** von der Museumsbrücke aus. Zwei Bögen des Spitals überspannen den nördlichen Pegnitzarm, darüber strebt ein schlanker Erker elegant in die Höhe.

Seit der Gründung im Jahr 1332 sind im Heilig-Geist-Spital **soziale Einrichtungen** untergebracht. Ehemals als **Hospital** und **Armenhaus** von den Patriziern **Konrad Groß** und **Herdegen Valzner** gestiftet, beherbergt der Komplex heute ein städtisches Seniorenheim, eine Bildungsstätte der evangelischen Kirche und eine Weinstube/Restaurant.

104ng Abb.: bs

Im **Vorderen Hof** steht der **Hanselbrunnen** aus dem 14. Jh. (Original im Germanischen Nationalmuseum 28) mit einem Flöte spielenden Jüngling, der lässig auf einem Steinpodest sitzt. Im **Kreuzigungshof** befinden sich eine Kreuzigungsgruppe (Kalvarienberg) von Adam Kraft und die ungewöhnlichen Tischgräber der beiden Stifter. Über den Grabplatten mit den Skulpturen der Verstorbenen befinden sich steinerne „Tischplatten", die von Figuren getragen werden.

Bis 1796 wurden in der Kirche des Heilig-Geist-Spitals die **Reichskleinodien** aufbewahrt. Kaiser Sigismund überließ die Insignien der Herrschaft 1424 der Reichsstadt Nürnberg „zur ewigen Verwahrung". Wegen der Bedrohung durch Napoleon wurden die prestigeträchtigen Objekte nach Wien gebracht. Die Kirche wurde im Krieg zerstört und nicht wieder aufgebaut.

In der Nähe des Heilig-Geist-Spitals befindet sich in der Spitalgasse der **Narrenschiff-Brunnen** (1987). Das Motiv zu diesem trockenstehenden Brunnen geht auf **Albrecht Dürers Holzschnitte** zurück, mit denen er während seiner Walz Sebastian Brants Moralsatire „Das Narrenschiff" illustrierte. Wie das Ehekarussell (s. S. 47) stammt der Brunnen vom Bildhauer Jürgen Weber. Die Nürnberger Ausgabe ist der zweite Guss, ein identisches Werk steht auch in Hameln. Das Schiff mit dem gebrochenen Mast steht metaphorisch für die bedrohte Welt. Die ausdrucksstarken Figuren vermitteln Angst, Schrecken und Gewalt, während der Tod jubelt. Die Spruchbänder entlang der Reling richten sich gegen Krieg, Gewalt und Zerstörung der Umwelt.

› Heilig-Geist-Spital, Spitalgasse 1

18 Insel Schütt ★ [G4]

Über die Spitalbrücke gelangt man vom Hans-Sachs-Platz auf die Insel Schütt. Noch am Sebalder Ufer stehen **Gedenktafeln**, die an den Abriss der **Nürnberger Synagoge** am 10. August 1938 (noch vor der Pogromnacht!) und den **Justizmord an Leo Katzenberger** erinnern. Der Schuhhändler war denunziert und im Jahr 1942 wegen Verstoßes ge-

Eulenspiegel im Heilig-Geist

Till Eulenspiegel betrat als „Arzt für alle Krankheiten“ das Heilig-Geist-Spital und versprach dem Spitalmeister, für 200 Gulden **alle Kranken zu heilen.** Der Spitalmeister willigte ein und das Unglück nahm seinen Lauf. Eulenspiegel sprach mit jedem Kranken einzeln und offenbarte, er werde **den Kränksten** von ihnen **zu einem Pulver verbrennen** und daraus eine Medizin erstellen, die jeder trinken solle. Wer am nächsten Morgen auf seinen Weckruf als letzter aus seiner Kammer käme, wäre der Kränkste und müsse dann dran glauben.

Der nächste Morgen kam und auch der Weckruf des Dr. Eulenspiegel. Und tatsächlich verließen alle Kranken ihre Zimmer, beteuerten, sie seien jetzt nicht mehr krank, und gingen nach Hause.

Der Spitalmeister war begeistert und zahlte die **Belohnung** aus. Nach Eulenspiegels Abreise kamen alle Kranken wieder zurück und jammerten über ihre alten Gebrechen. Doch als die Wahrheit ans Licht kam, war der **Betrüger** natürlich schon über alle Berge und das Gezeter des Spitalmeisters groß.

gen das sogenannte Blutschutzgesetz angeklagt und vor Gericht gestellt worden. Irene Seiler, eine Nachbarin, mit der er ein intimes Verhältnis gehabt haben soll, wies unter Eid sämtliche Vorwürfe zurück und kam wegen Meineids in Haft. Katzenberger wurde zusätzlich ein Verstoß gegen die „Volksschädlingsverordnung“ zur Last gelegt. Trotz des Fehlens von Beweisen wurde er zum Tode durch das Fallbeil verurteilt und hingerichtet.

Das Urteil gilt als besonders dreister Fall eines Justizmordes durch Rechtsbeugung. Der vorsitzende Richter Oswald Rothaug wurde in den Nürnberger Nachfolgeprozessen (1947) zu lebenslanger Haft verurteilt, kam jedoch 1956 wieder frei. Die Verfahren gegen die beiden Beisitzer wurden 1976(!) eingestellt. Das Schickal Katzenbergers wird im Film „Das Urteil von Nürnberg“ (1961) thematisiert. Im 2002 von Joseph Vilsmaier gedrehten Spielfilm „Leo und Claire“ steht das Schicksal des Ehepaars Katzenberger im Mittelpunkt.

Der Eingang zur Insel Schütt wird vom **Männerschuldturm** dominiert. Erbaut 1323 war er Bestandteil der vorletzten Stadtbefestigung. Nach der Erweiterung der Stadt diente der Turm zusammen mit dem nicht mehr vorhandenen Frauenschuldturm am gegenüberliegenden Ufer der Pegnitz als Gefängnis. Prominentester Häftling war der Nürnberger Patrizier **Hans Stromer**, der von 1559 bis zu seinem Selbstmord 1592 einsaß. Als Patrizier hatte er einen Wunsch frei und verlangte, zusätzlich zu Wasser und Brot täglich zwei Bratwürste serviert zu bekommen. Der Rat der Stadt genehmigte den Wunsch, der dem Häftling den Namen „Bratwurst-Stromer“ einbrachte. Heute lädt im Männerschuldturm die Finca & Bar Celona (s. S. 82) mit einer idyllischen Terrasse zum Verweilen ein.

Der frühere Mühlenstandort **Insel Schütt** ist eine kleine, baumbestandene Anlage, die zum **Ausspannen** oder als **Veranstaltungsort** genutzt wird. Altstadtfest und Bardentreffen (beide s. S. 96) sind Höhepunkte, von Mai bis Juli lockt hier eine **Strandbar**.

19 Naturhistorisches Museum ★ [H4]

In den mehr als 200 Jahren seit der Gründung der Naturhistorischen Gesellschaft – der zweitältesten in Deutschland – hat sich so einiges angesammelt. In der Norishalle finden sich daher verschiedene, zum Teil ungewöhnliche Exponate, die die vielschichtigen Arbeitsschwerpunkte der wissenschaftlichen Gesellschaft zeigen.

Der **älteste Schwertfund in Nürnberg** oder Sammlungen zur **Geologie** und **Karst- und Höhlenkunde Frankens** liegen nahe. Doch wer würde mit Dauerausstellungen zum **sibirischen Volk der Nivchi** oder zur **nabatäischen Kultur** rechnen? Die ersten **Saurierfunde** auf dem europäischen Festland und einige der größten **Eisenmeteoriten** in Deutschland sind weitere Höhepunkte.

› Marientorgraben 8, Tel. 227970, www.naturhistorischesmuseumnuernberg.de, Eintritt: 6 €, erm. 3 €, Familien 12 €, geöffnet: Di.-Do., So. 10-17 Uhr, Fr. 10-21 Uhr, Sa. 13-17 Uhr

20 Cinecittà ★★ [H4]

Mehr als 40 Millionen Kinofreunde haben Deutschlands besucherstärkstes Multiplexkino bereits besucht, doch das Cinecittà ist viel mehr als ein Kino. Schon aus architektonischen Gründen lohnt sich der Besuch auch ohne Eintrittskarte.

Der **Eingangsbereich aus Glas und Stahl** steht in krassem Kontrast zu den Gebäuden von Nürnberger Akademie, Katharinenruine 21 und Stadtmauer, die sich in Steinwurfweite befinden. Richtig spannend wird es aber im Inneren, denn das Bauwerk liegt zum größten Teil **unter der Erde.**

Es gibt 21 Kinosäle auf mehreren Etagen, verbunden über schiefe Ebenen oder Treppen, eine Vielzahl von Bars und Sitzbereichen, gastronomische Betriebe in unterschiedlichen Ausrichtungen: Das Cinecittà ist ein Publikumsmagnet und bietet darüber hinaus **faszinierende Architektur.** Versorgungsrohre aus Edelstahl ziehen sich dekorativ durchs Gebäude und Emporen und Galerie bieten überraschende Einblicke in den modernen Baukörper. Dem Inhaber Wolfram Weber, seit 1970 in der Kinoszene aktiv, ist ein visionärer, unternehmerisch mutiger, erfolgreicher Coup gelungen, der mittlerweile von der zweiten Generation mitgeleitet wird.

› Gewerbemuseumsplatz 3, Tel. 206660, www.cinecitta.de

21 Katharinenkirche ★ [G4]

Vom 1297 geweihten **Katharinenkloster** sind nur noch die **Grundmauern der Kirchenbasilika** erhalten.

Das Kloster wurde als eines der ersten in Deutschland reformiert, 1596 aufgelöst und seither weltlich genutzt. Im 17. und 18. Jahrhundert war es der Sitz der **Nürnberger Meistersinger,** die Richard Wagner in seiner Oper „Die Meistersinger von Nürnberg“ verewigte. Für kurze Zeit wurden zudem die **Reichskleinodien** hier aufbewahrt, nachdem die Nationalsozialisten sie aus Wien zurückgeholt hatten.

Nach den Zerstörungen des Zweiten Weltkriegs wurde die Kirche als **Mahnmahl** erhalten. Seit der Sicherung der Ruine im Jahr 1971 ist sie der malerischste **Veranstaltungsort** der Stadt und wird hauptsächlich für Open-Air-Konzerte genutzt. Besonders beim Bardentreffen (s. S. 96) ist die Ruine stets brechend voll.

Der Neubau der Stadtbibliothek wird auch „Schuhkarton" genannt

105ng Abb.: bs

Der Gebäudekomplex rund um die Ruine ist der Hauptsitz der **Stadtbibliothek.** Wie ein Leihschein aus dem Jahr 1370 belegt, handelt es sich um die älteste kommunale Leihbücherei im deutschsprachigen Raum. Ein Neubau im Bauhausstil – der Volksmund prägte den wenig schmeichelhaften Namen „Schuhkarton" – sorgte für Unstimmigkeiten. Das Zusammentreffen von zeitgenössischer Architektur und mittelalterlichem Sandstein sorgt in Nürnberg immer für Reibung.

› Am Katharinenkloster 6

Die Ruine der Katharinenkirche ist heute eine beliebte Konzertbühne

039ng Abb.: ctz

22 Museum 22|20|18 Kühnertsgasse ★★ [G5]

Der kryptische Name des Museums gibt einfach nur die Adresse der drei **Handwerkerhäuser** wieder, die es beherbergen. Sie wurden 1377 (Nr. 22) und 1434 (Nr. 18 und 20) erbaut und seitdem mehrfach verändert. Der aktuelle Eigentümer sind die Altstadtfreunde Nürnberg e.V., unter deren Verantwortung das nahezu verfallene Ensemble aufwendig und **liebevoll restauriert** und der Öffentlichkeit zugänglich gemacht wurde.

Gezeigt werden die **Welt der Handwerker**, die **Lebensbedingungen der einfacheren Bevölkerung** in beengten Verhältnissen sowie **bauhistorische Details.** Bewusst wurden die Wände an einigen Stellen aufgelassen, damit sie den Aufbau von Fachwerkhäusern erkennbar werden lassen. Sonderausstellungen, i.d.R. zu Handwerksthemen, ergänzen die Informationspalette.

› Kühnertsgasse 22, Tel. 80197303, www.altstadtfreunde-nuernberg.de, Eintritt: 3 €, erm. 2 €, Familien 5 €, geöffnet: Fr.–So. 14–17 Uhr, Führung So. 14.30 Uhr (2 € Aufpreis)

039ng Abb.: ctz

23 Lorenzkirche ★★★ [G4]

Die Lorenzkirche ist der zweite große Sakralbau Nürnbergs. Die Ausstattung mit Kunstwerken ist jedoch reichhaltiger als die der Sebalduskirche 6. Die von Bürgern finanzierte Lorenzkirche stand immer in Konkurrenz zur Sebalduskirche. Bauliche Erweiterungen der Gotteshäuser passierten praktisch nur mit geringer zeitlicher Verschiebung und nachdem Sebaldus heiliggesprochen worden war, zauberten die „Lorenzer" ihre Reliquien des hl. Deocarus aus Herrieden, Beichtvater von Karl dem Großen, hervor, um ebenfalls Pilger und Wallfahrer anzuziehen.

Auf den Fundamenten einer dem hl. Laurentius geweihten Kapelle begann man 1250 mit dem Bau einer **dreischiffigen gotischen Basilika.** Um 1450 folgte der Anbau des **spätgotischen Hallenchors.** Prunkstück der Kirche ist die harmonische **Westfassade** mit dem Rosettenfenster „Stern von St. Lorenz". Im Inneren befinden sich, meist in Seitenkapellen, zahlreiche **künstlerisch bedeutende Altäre und Fenster**, die von Nürnberger Familien gestiftet wurden. Vermutlich aufgrund dieser engen Verbindung mit der Bevölkerung überstanden diese Kunstwerke den Bildersturm der Reformation.

Die beiden hervorragendsten Werke sind der Engelsgruß von Veit Stoß und das Sakramentshaus von Adam

061ng Abb.: bs

⌃ *Am Platz vor der Lorenzkirche 23 treffen zwei Flanier- und Einkaufsmeilen aufeinander*

‹ *Drei historische Handwerkerhäuser in der Kühnertsgasse wurden zu einem Museum zusammengefasst*

Kraft. Veit Stoß schnitzte 1517/18 im Auftrag von Anton Tucher aus Lindenholz sein Meisterwerk, den **Engelsgruß** (Englischen Gruß), der im Chorbereich schwebt. Umgeben von einem Kranz aus Rosen verkündet der Erzengel Gabriel Maria die Geburt Jesu.

Adam Kraft arbeitete aus hellgrauem Sandstein filigran das **Sakramentshaus** heraus. Es erhebt sich schlank bis zur Decke und zeigt Szenen aus der Passion Christi. Der Künstler hat sich selbst in kniender Haltung, das Werk stützend, dargestellt. Das Kunstwerk wurde von Hans Imhoff d. Ä. gestiftet, der dafür – und für sein Seelenheil – den Gegenwert von drei Wohnhäusern investierte und dessen Familienwappen ebenfalls eingearbeitet wurde. Das 1496 fertiggestellte Meisterwerk wurde im Zweiten Weltkrieg eingemauert und konnte den Bombenhagel mit überschaubaren Schäden überstehen – anders als die Kirche.

Ausgerechnet am Laurentiustag, dem 10. August 1943, zerstörte eine

KURZ & KNAPP

St. Laurentius

Der **Patron der Lorenzkirche** 23 hat, anders als Sebaldus, nichts mit Nürnberg zu tun. Er war ein **Diakon des Papstes Sixtus II.**, der im Jahr 258 der **Christenverfolgung** zum Opfer fiel. Laurentius sollte das Vermögen der christlichen Gemeinschaft herausgeben, verteilte es aber stattdessen unter den Bedürftigen Roms. Dies führte direkt zu seinem **Märtyrertod** durch Grillen auf einem Rost (er ist u. a. Schutzpatron der Köche!). Seine **Popularität in Deutschland** geht auf den Sieg Kaiser Ottos I. über die Ungarn auf dem Lechfeld zurück, der auf den **Laurentiustag**, den 10. August des Jahres 955, fiel.

Bombe der Royal Air Force das Kirchenschiff nachhaltig und deckte das Dach komplett ab. Bis zur Einnahme Nürnbergs durch die Alliierten im April 1945 musste das Bauwerk weitere Treffer hinnehmen, zuletzt durch die amerikanische Artillerie. Letztlich stand nur noch eine Ruine. Nach sechsjähriger Bauzeit konnte am Laurentiustag des Jahres 1952 der erste Gottesdienst gefeiert werden.

Der **Platz vor der Kirche** ist vermutlich derjenige in Nürnberg mit der höchsten Besucherfrequenz. Mit Karolinenstraße und Königstraße treffen zwei Haupteinkaufsstraßen aufeinander, die U-Bahn-Station „Lorenzkirche" ist die zentralste Station der Stadt und das letzte große Warenhaus steht in unmittelbarer Nähe.

Bemerkenswert ist hier das **Lorenzer Wetterhäuschen** mit dem Uhrturm. Ursprünglich handelte es sich dabei um eine 1896 in Betrieb genommene Umspannstation, um die Innenstadt mit Strom zu versorgen.

Der vom Erzgießer Benedikt Wurzelbauer geschaffene **Tugendbrunnen** (1589) war ursprünglich Teil der Trinkwasserversorgung und von zwei heute verschwundenen Brunnenhäuschen eingerahmt. Oben auf der Säule steht die Verkörperung der Gerechtigkeit mit verbundenen Augen, Schwert, Waage und Kranich. Darunter sind in einer Schale die sechs Haupttugenden angeordnet: der Glaube mit Kreuz und Kelch, die Hoffnung mit dem Anker, die Liebe mit zwei Kindern, die Tapferkeit mit dem Löwen, die Mäßigung mit einem Krug und die Geduld mit einem Lamm.

Der **Teufelsbrunnen** (1888) am Nordturm der Lorenzkirche erinnert an die Legende vom „Schusserboum" (Murmel spielender Bube). Der wurde nämlich beim Schummeln erwischt und leugnete mit den Worten: „Wenn's nicht wahr ist, soll mich der Teufel holen!" Der erschien natürlich sofort und nahm den Knaben mit. Der Entwurf stammt von Friedrich Wanderer, einem Vertreter des Historismus.

Das Eckhaus gegenüber der Lorenzkirche ist das **Nassauer Haus**, ein imposanter Wohnturm aus dem 13. Jahrhundert, vollständig aus Sandstein erbaut. Das filigrane Chörlein und das Obergeschoss mit dem Gesims und den drei Erkern wurden im 15. Jahrhundert ergänzt.

› Lorenzkirche, Lorenzer Platz, Tel. 2142500, www.lorenzkirche.de, geöffnet: Mo.-Sa. 9-17.30 Uhr, Do. bis 19 Uhr, So. 10-15.30 Uhr, Führungen tgl. 14 Uhr, kostenlos, Spenden erbeten, Turmführungen Sa. 14 und 15.30 Uhr, 8 € (erm. 5 €)

24 Mauthalle ★ [G5]

Anstelle des Frauentors, Teil der vorletzten Stadtbefestigung, wurde an dieser Stelle ab 1498 ein eindrucksvoller **Getreidespeicher** erbaut. Drei

Stockwerke als Basis, darüber ein fünfgeschossiges Dach, alleine die Ausmaße sind imposant. Die Bezeichnung Mauthalle stammt aus der Zeit ab 1572, in der das Gebäude als Zollamt und Stadtwaage genutzt wurde. Im Restaurant **Tucher Mautkeller** (s. S. 78) im Keller finden bis zu 550 Gäste Platz. Sie können sich auf die malerischen Sudkessel der Hausbrauerei und fränkisches Essen freuen.

25 St. Klara und St. Martha ★ [G5]

Die beiden Kirchen liegen sich in der Königstraße gegenüber. Die **katholische St. Klarakirche** ist einer der ältesten Sakralbauten Nürnbergs (erbaut ab 1271). Hier wirkte die streitbare Äbtissin Caritas Pirckheimer (s. S. 46). Besonders kontrastreich und spannend ist das **moderne Interieur im Vorraum** des Gotteshauses. Eine geschnitzte Madonnenfigur steht vor einer geschwungenen Wandverkleidung in schwarz und türkis, lediglich von Kerzenlicht beleuchtet. Der Hauptraum der Kirche ist von erhabener Schlichtheit, doch auch hier stehen moderne Elemente im Kontrast zu alten Schnitzaltären.

Die **evangelisch-reformierte St. Marthakirche,** erbaut zwischen 1350 und 1400, liegt etwas von der Straße zurückversetzt. In der Nacht zum 5. Juni 2014 brannte die Kirche während andauernder Renovierungsarbeiten komplett aus. Die bunt bemalten Glasfenster aus dem 14. Jh., Hauptsehenswürdigkeit der Kirche, befanden sich zu dieser Zeit zu Restaurationszwecken in München. Im November 2018 erfolgte die feierliche Wiedereröffnung.

› St. Klara, Königstr. 64, www.st-klara-nuernberg.de, geöffnet: 8–21 Uhr

› St. Martha, Königstr. 79, www.stmartha.de, geöffnet: Mo. 11–17, Mi. 14–18, Fr. 15–19, Sa. 11–15 Uhr

26 Handwerkerhof ★ [G5]

Gleich am Eingang zur Altstadt, gegenüber dem Hauptbahnhof gelegen, werden im Handwerkerhof die Klischees von Alt-Nürnberg befriedigt: Im **Waffenhof** am Frauentor findet man nämlich das **mittelalterliche Nürnberg in seiner komprimiertesten Form.** Die Grenzen zwischen Kitsch, Kunst und Kommerz zerfließen. In siebzehn kleinen, **eingeschossigen Häuschen** werden ungewöhnliche Dinge angeboten (Kunst, Schmuck, Spielzeug, ...), man kann den **Handwerken bei der Arbeit zusehen** und muss auch nicht fürchten, zu verhungern oder zu verdursten.

Die kleine Stadt in der Stadt wurde anlässlich des **Dürerjahres 1971** liebevoll eingerichtet. Aufgrund des großen Erfolgs kam im folgenden Jahr dann nicht die Abrissbirne, sondern die Lizenz zum Weiterbetrieb. Das Ambiente ist malerisch und wer Nürnberg-Souvenirs sucht, liegt hier richtig.

› Königstor, www.handwerkerhof.de, geöffnet: Mo.–Sa. 8–22.30, So. 10–22.30 Uhr

27 Neues Museum ★★★ [G5]

Der offizielle Name des Hauses lautet „Neues Museum – Staatliches Museum für Kunst und Design in Nürnberg" und allein schon die Architektur ist eine Sensation – sowohl außen als auch innen.

Das erste bayerische Staatsmuseum außerhalb der Landeshauptstadt öffnete 2000 seine Pforten. Dem Architekten Volker Staab ist mit diesem Gebäude ein Meisterwerk gelungen.

Die 100 m lange, **gebogene Glasfassade**, beginnend am engen Durchlass zur Luitpoldstraße und endend an der historischen Stadtmauer, bietet einerseits den vollen Einblick nach innen und kann andererseits auch für effektvolle Installationen genutzt werden. Die scheinbar schwerelos im Raum schwebende **Wendeltreppe** im Inneren des Gebäudes ist ein weiterer optischer Höhepunkt. Der **Außenbereich** des Museums wird ebenfalls zur **Präsentation zeitgenössischer Kunst** genutzt, wodurch der Klarissenplatz einer der interessantesten Plätze Nürnbergs geworden ist.

Präsentiert werden im Neuen Museum zwei Sammlungen: die **Sammlung Kunst** zeigt Werke internationaler zeitgenössischer Künstler. Gleichberechtigt dazu steht die **Sammlung Design**, die sich auf angewandte Kunst und Designobjekte konzentriert. Drei bis vier **Sonderausstellungen** pro Jahr ergänzen das Angebot.

Zum Museum gehören auch der **Skulpturengarten** in einem Zwinger an der Stadtmauer [G6] und der Altbau an der Luitpoldstraße [G5], in dem sich Verwaltung, Museumsshop und Institut für moderne Kunst (ein Informations- und Dokumentationszentrum für zeitgenössische Kunst) befinden.

› Luitpoldstr. 5, Tel. 2402069, www.nmn.de, Eintritt: 7 €/erm. 6 €/So. 1 €, geöffnet: Di.–So. 10–18 Uhr, Do. bis 20 Uhr

28 Germanisches Nationalmuseum ★★★ [F5]

Das bereits 1852 gegründete GNM ist das größte kulturhistorische Museum in Deutschland mit einem Bestand von 1,3 Mio. Exponaten, die jedoch nicht alle dauerhaft ausgestellt werden.

Um das ehemalige **Kartäuserkloster** mit seinem Kreuzgang gruppierte der Architekt Sep Ruf in den 1950er-

042ng Abb.: gnm

und 1960er-Jahren **moderne Räume**, wodurch sich ein interessanter Kontrast ergibt. Die letzte Umgestaltung fand 1993 statt.

Chronologisch beginnt die **Sammlung** mit einem in Thüringen gefundenen Faustkeil aus der Steinzeit vor ca. 120.000 Jahren. Im Gegensatz dazu ist der Ezelsdorfer Goldkegel, eine kultische Kopfbedeckung, geschaffen vor ca. 3000 Jahren, ein eher junges Objekt.

Im Mittelpunkt steht die **Kultur- und Kunstgeschichte in Mitteleuropa** bis zum Ende des 20 Jahrhunderts. Natürlich sind auch **Nürnberger Künstler und Handwerker** mit zahlreichen Werken vertreten (Dürer, Veit Stoß, Adam Kraft). Der älteste Globus der Welt von Martin Behaim zeigt die Welt ohne den amerikanischen Doppelkontinent, sozusagen das Weltbild des Christoph Kolumbus. Weitere Abteilungen umfassen Textilien und Bekleidung, Schmuck, Design und Kunsthandwerk, Möbel, Musikinstrumente sowie Waffen und Jagdgeräte. Die **Spielzeugsammlung** befindet sich am Ende der Kartäusergasse in einem Nebengebäude. Jährlich werden auch wechselnde **Sonderausstellungen** angeboten.

› Kartäusergasse 1, U2 „Opernhaus", Tel. 13310, www.gnm.de, geöffnet: Di.-So. 10-18 Uhr, Mi. bis 20.30 Uhr, Eintritt: 10 €, ermäßigt 6 €, Familien (bis 6 Personen, davon max. 2 Personen über 18 J.) 14 €

› Über das umfangreiche Führungsprogramm informiert die Website. Sonntagvormittags werden abwechslungsreiche **Kinder-Eltern-Aktionen** angeboten.

043ng Abb.: bs

29 Straße der Menschenrechte ★★ [F5]

Die **Kartäusergasse** wurde 1993 vom israelischen Künstler **Dani Karavan** zur „Straße der Menschenrechte" umgestaltet. Ein schlichtes **Tor mit drei Bögen** markiert den Beginn und auf dem folgenden Weg wurde in 27 Betonsäulen, zwei Kopfplatten und eine Säuleneiche in unterschiedlichen Sprachen je einer der 30 Artikel der **Universellen Deklaration der Menschenrechte** eingraviert – ein weltweit beachtetes, starkes Signal aus der Stadt, deren Name vor wenigen Jahrzehnten noch für Reichsparteitage und Rassengesetze stand (https://way-of-human-rights.com).

Der Barocksaal des Germanischen Nationalmuseums

27 Säulen aus weißem Beton bilden die Straße der Menschenrechte

Bedeutende Nürnberger Persönlichkeiten

Veit Stoß (ca. 1447–1533)

Der Holzschnitzer und Bildhauer wirkte in Krakau und Nürnberg. Wegen der Fälschung eines Bürgschaftsdokuments gebrandmarkt, wurde von Kaiser Maximilian I. begnadigt. Bekanntestes Werk in Nürnberg ist der „Englische Gruß" in der Lorenzkirche 23. Stoß ist auf dem Johannisfriedhof 44 begraben.

Martin Behaim (1459–1507)

Reisefreudiger Tuchhändler, der sich in Lissabon einer Reise entlang der afrikanischen Küste anschloss. Initiierte die Herstellung des nach ihm benannten Behaim-Globus, der die Weltsicht seiner Zeit zeigte. Starb verarmt in Lissabon. Am Theresienplatz [G3] erinnert ein Standbild an ihn.

Adam Kraft (ca. 1455–1509)

Steinmetz und Bildhauer, schuf in Nürnberg bedeutende Werke, v. a. das Sakramentshäuschen in der Lorenzkirche 23 mit seinem Selbstbildnis. Seine Arbeiten befinden sich zum größten Teil im Germanischen Nationalmuseum 28, einzig verbliebenes Original im Stadtbild ist die „Madonna mit Kind" an der Fassade des Hotels Deutscher Kaiser (s. S. 128).

Peter Vischer d. Ä. (1455–1529)

Erzgießer, sein Hauptwerk ist das 1519 vollendete Sebaldusgrab (s. S. 25), auf dem er sich selbst verewigte. Er ist auf dem Rochusfriedhof 41 begraben.

Caritas Pirckheimer (1467–1532)

Ältere Schwester von Willibald Pirckheimer. Als Äbtissin des Klarissenklosters trug sie heftige Konflikte mit dem Rat der Stadt aus, der nach der Reformation katholische Klöster schikanierte. Nach überraschender Unterstützung durch den Reformator Melanchthon unterließ es der Rat, gegen sie vorzugehen.

Willibald Pirckheimer (1470–1530)

Humanist, Jurist und Gutachter, 1499 im „Schwabenkrieg" Kommandant der Nürnberger Truppen. Mit Albrecht Dürer verband ihn eine tiefgehende Freundschaft, die vom Dürer-Pirckheimer-Brunnen (s. S. 27) am Maxplatz manifestiert wird. Es wird davon ausgegangen, dass viele Elemente der Dürer'schen Symbolik auf seinen Einfluss zurückgehen. Sein Grabmal befindet sich auf dem Johannisfriedhof 44.

Peter Henlein (ca. 1480–1542)

Der Schlossermeister gilt als Erfinder der am Körper tragbaren Uhr. Der Begriff „Nürnberger Ei", der ein Uhrwerk in einem eiförmigen Gehäuse bezeichnet, entstand erst 1552, also nach seinem Tod. Am Hefnersplatz [F4] erinnert ein Denkmalbrunnen an den Tüftler.

Hans Sachs (1494–1576)

Schuhmachermeister und aktives Mitglied der Meistersänger: Er schrieb rund 6000 Stücke. Seine volkstümlichen Schwänke und Tragödien hatten lehrhaften Charakter voller Ironie. Sein Denkmal steht auf dem Hans-Sachs-Platz [G4], das „Ehekarussell" (s. S. 47) wurde durch eines seiner Gedichte inspiriert und mit den „Meistersingern von Nürnberg" hat Richard Wagner ihm ein musikalisches Denkmal gesetzt.

30 Jakobsplatz ★ [E5]

Der Jakobsplatz bildet den westlichen Eingang zur Einkaufsmeile der Innenstadt. Drei auffällige Gebäude bilden den Rahmen des Platzes, der auf eine bewegte Geschichte zurückblicken kann. Hier war die Keimzelle des Lorenzer Stadtteils.

St. Jakob

An dem Ort, an dem heute die **Jakobskirche** steht, befand sich früher ein Königshof mit einer romanischen Jakobskapelle. Beides überschrieb Kaiser Otto IV. im Jahr 1209 dem Deutschen Ritterorden, unter dessen Herrschaft die Kapelle abgerissen wurde. Stattdessen entstanden eine neue, gotische Kirche und das Hospital St. Elisabeth. Die Jakobskirche wurde in der **Reformation** evangelisch, doch die katholischen Ordensbrüder konnten in der Kapelle des Hospitals weiter Gottesdienste nach dem alten Ritus abhalten.

Im Zweiten Weltkrieg wurde die Kirche schwer getroffen, 1962 konnte dann der Wiederaufbau beendet werden. Heute beherbergt sie **Süddeutschlands ältesten Flügelaltar** (ca. 1365) und eine Reihe weiterer hervorragender Schnitzarbeiten, u.a. eine **Figur der hl. Anna,** die Veit Stoß zugesprochen wird, und den **Hagelsheimer Altar** mit vier Frauenfiguren.

› Innenstadtpfarramt: Burgstr. 1–3, Tel. 2142500, https://jakobskirche-nuernberg.de, geöffnet: Mo.–Sa. 9–18 Uhr, So. bis 17 Uhr

St. Elisabeth

Die katholische Elisabethkirche ging aus der oben erwähnten Hospitalskapelle hervor. Die **Grundsteinlegung** für den modernen Kirchenneubau fand bereits im Jahr 1785 statt, doch aufgrund wechselnder Besitzverhältnisse in der Säkularisation – Nürnberg fiel ja 1806 an Bayern – blieb die Kirche über 100 Jahre eine **Baustelle.** Erst 1903 wurde der klassizistische Bau mit der markanten **50 m hohen Kuppel** vollendet.

› Pfarramt: Jakobsplatz 7a, Tel. 9401280, Mo.–Sa. 9–16.30 Uhr, So. 13–18 Uhr

Das Ehekarussell

Der **Brunnen** (1984) am Ludwigsplatz [E4/5] zeigt eine besonders elegante Möglichkeit auf, einen unansehnlichen Belüftungsschacht der U-Bahn mitten in einer Fußgängerzone zu verbergen. **Europas größten Figurenbrunnen des 20. Jh.** gestaltete der Braunschweiger Bildhauer Jürgen Weber auf der Grundlage des Gedichts „Das bittersüße eh'lich' Leben" von Hans Sachs, das dieser an seine Gattin richtete.

Die **überlebensgroßen Bronzefiguren** stellen Szenen des Ehelebens in all seinen Facetten dar, wobei die Bildersprache derb ist und die Figuren grotesk überzeichnet sind. Der tanzende Mann über dem Schauspiel ist niemand anderer als der Dichter selbst.

Die Schaffung so eines Brunnens polarisierte natürlich. Die Meinung in Stadtrat, Bürgerschaft und Medien schwankte ohne Zwischentöne zwischen den Attributen „genial" oder „vulgär". Mittlerweile zählt das Werk jedoch zu den **beliebtesten Fotomotiven der Stadt** und auch die Nürnberger haben sich mit ihm arrangiert. Bassd scho!

Weißer Turm

Der Weiße Turm ist ein **Relikt der vorletzten Stadtbefestigung**, wie auch der Laufer Schlagturm 16 oder der Schuldturm. Er wurde um 1250 erbaut und war ursprünglich weiß verputzt. Auffällig ist die Barbakane (eine Art Zwinger) als ehemaliger Zugang zur Stadt. Heute bildet der Turm den Zugang zu einer U-Bahn-Station.

31 Weinstadel, Henkerhaus und Henkersteg ★★ [F4]

Weinstadel und Henkersteg bilden eines der attraktivsten Nürnberger Postkartenmotive. Den besten Blick hat man von der Maxbrücke aus.

Der **Weinstadel**, ein imposantes **Fachwerkgebäude** am nördlichen Pegnitzufer, wurde im 15. Jahrhundert als Siechenhaus errichtet. Nach dem Bau weiterer Krankenhäuser außerhalb der Stadtmauer wurde er ab 1571 als **Unterkunft** für in Not geratene Handwerkerfamilien und als **Weinlager** genutzt. Heute beherbergt ee ein Studentenwohnheim. Der **Wasserturm** nebenan ist Bestandteil der alten Stadtbefestigung.

Das **Türmchen auf der Trödelmarkt-Insel** und die zweibogige, überbaute **Brücke** zum nördlichen Ufer bewohnte über einen Zeitraum von 400 Jahren der jeweilige **Henker** der Stadt. Da der Beruf als „unrein" galt, war es angebracht, dem Inhaber dieser Stellung eine abgesonderte Dienstwohnung zuzuteilen. Über den als Wehrgang angelegten, hölzernen Henkersteg gelangte er zum südlichen Ufer. In der Henkerwohnung befindet sich heute ein **Museum**, das Aufschluss über die Nürnberger Kriminal- und Rechtsgeschichte gibt. Es basiert auf Informationen aus dem Diensttagebuch des Henkers Franz Schmidt (um 1600).

› Trödelmarkt 58, Tel. 307360, www.henkerhaus-nuernberg.de, Eintritt: 3 €, erm. 1,50 €, geöffnet: Apr.–Dez. Di.–So. 12–17 Uhr

32 Unschlittplatz ★ [E4]

Gegenüber dem Weinstadel 31 befindet sich, quasi als städtebauliches Gegengewicht, ein ebenso imposantes Sandsteingebäude, das **Unschlitthaus.** Es diente ursprünglich, ähnlich wie die Mauthalle, als Kornspeicher. Außerdem war es eine Sammelstelle für „Unschlitt": Hier mussten die Metzger, die am Trödelmarkt (früher „Säumarkt") und südlich des Hauptmarkts angesiedelt waren, ihr Abfallfett verkaufen. Das Unschlitt diente als Grundstoff für Schmiermittel, Talgkerzen, Seife oder Schuhcreme. Am Unschlittplatz stehen einige wunderschön restaurierte **mittelalterliche Gebäude.** Es ist kaum zu glau-

‹ *Der Henkersteg nebst Wasserturm*

KURZ & KNAPP

Kaspar Hauser

Deutschlands wohl bekanntestes Findelkind trat am 26. Mai 1828 am Unschlittplatz 32 erstmals in Erscheinung: Kaspar Hauser. Seine Herkunft und sein gewaltsamer Tod fünf Jahre später in Ansbach liegen auch heute noch im Dunkeln. An Kaspar Hauser erinnert eine Gedenktafel am Unschlittplatz Nr. 8 und ein ins Straßenpflaster eingelassenes Metallband der Künstlerin Sabine Richter.

MEIN TIPP

Toiletten-Pause

Aus einer ehemaligen öffentlichen Bedürfnisanstalt zauberte Ralf Siegemund das winzige Café Schnepperschütz. Wenn die Sitzplätze nicht ausreichen, was oft passiert, setzt man sich einfach auf die Treppe und genießt leckere Bio-Landbrote und erfrischende Getränke.

2 [E3] **Café Schnepperschütz,** Am Hallertor, Mo.–Fr. 7.30–22, Sa., So. 10–22 Uhr

ben, dass die Häuser Nr. 8 bis 12 an der Westseite im Jahr 1972 abgerissen werden sollten.

Der **Dudelsackpfeiferbrunnen** (16. Jh.) auf dem Platz geht auf eine Legende zurück. Während einer Pestepidemie luden die Pestkutscher einen Betrunkenen, den sie für tot hielten, auf ihren Karren. Als der Mann erwachte und seine Lage erkannte, machte er sich mit Tönen seines Dudelsacks bemerkbar und konnte gerettet werden. Ursprünglich war die Figur des Dudelsackpfeifers aus Holz (das Original befindet sich im Staatlichen Museum Berlin). Die spätere Bronzefigur stammt aus dem 16. Jh. und ist im Germanischen Nationalmuseum 28 zu sehen. Die heute am Unschlittplatz aufgestellte Kopie stammt aus dem Jahr 1888. Ein weiterer Dudelsackpfeiffer befindet sich in der Lammsgasse [F3].

33 Kettensteg ★ [E3]

Beim Verlassen der Altstadt trifft man auf die **älteste eiserne Hängebrücke Kontinentaleuropas.** Sie überspannt die Pegnitz und wurde 1824 nach Plänen des Ingenieurs Conrad Georg Kuppler errichtet, der auch beim Bau der Eisenbahn nach Fürth beteiligt war. Die Bevölkerung bezeichnete die Fußgängerbrücke dann als Kettensteg.

Im Namen der von den **Nationalsozialisten** ausgerufenen „Entschandelung“ des historischen Stadtbilds sollte die Brücke in den 1930er-Jahren abgerissen werden, was der Kriegsausbruch jedoch verhinderte. 2010 wurde die Brücke grundlegend saniert.

34 Turm der Sinne ★★ [E4]

In einem Stadtmauerturm am Westtor befindet sich auf sechs Etage eines der ungewöhnlichsten Museen der Stadt. Der Turm der Sinne ist ein **„Hands-on-Museum“**, d. h. der Besucher muss selbst bei Versuchen und Experimenten aktiv werden.

Im Mittelpunkt stehen der **Gesichts-, Geruchs- und Tastsinn** und die Möglichkeiten, diese zu täuschen. Selbstverständlich wird auch erklärt, warum die Sinne hier Karussell fahren. In diesem Museum wird es auch Kindern nicht langweilig.

› Spittlertorgraben, Ecke Mohrengasse, Straßenbahn 4/6 „Obere Turnstraße“, www.turmdersinne.de, Tel. 99288715, März–Dez. Sa., So. 12–17 Uhr, Eintritt: 10 €, erm. 7,50 €, Familienkarte 20 €

119ng Abb.: ©tschecki, stock.adobe.com

Zwischen Altstadt und Eisenbahn

35 Kunstvilla ★★ [H5]

Die Kunstvilla präsentiert **Werke regionaler Kunst- und Kulturschaffender** aus dem 20. und 21. Jahrhundert. Neben der Dauerausstellung geben drei Wechselausstellungen pro Jahr Einblick in die zeitgenössische Kunst.

Die elegante **Sandsteinvilla** wurde 1897 vom jüdischen Hopfenhändler **Emil Hopf** im Stil des Neobarock errichtet. Beeindruckend ist die Eingangshalle mit dem reich verzierten Treppenaufgang und den getäfelten Wänden.

Nach Hopfs frühem Tod (1920) kam das Haus in den Besitz des Berliner Unternehmerehepaars Grünfeld. Nach der Enteignung durch die Nazis 1941, wurde der Besitz 1951 zurückgegeben. Margarete Grünfeld veräußerte das Gebäude 1959 an den Verlag Nürnberger Presse. Verleger Bruno Schnell überließ es 2006 der Stadt Nürnberg für einen symbolischen Euro, die daraufhin den 6,3 Mio. € teuren **Umbau zum Ausstellungsgebäude** veranlasste.

› Blumenstr. 17, Tel. 23115893, www.kunstkulturquartier.de/kunstvilla, Di.–So. 10–18 Uhr, Mi. bis 20 Uhr, Eintritt: 5 €, erm. 2,50 €, bis 18 Jahre frei, Mi. 18–20 Uhr freier Eintritt

36 Hauptbahnhof ★ [G6]

Der Nürnberger Hauptbahnhof gehört mit 25 Gleisen zu den **größten Durchgangsbahnhöfen Europas.** Neben acht Fernverbindungen treffen hier die S-Bahnen und Nahverkehrszüge sowie die U-Bahnen und Straßenbahnen zusammen.

Der **Monumentalbau aus Muschelkalk** wurde im Stil des Neubarock zwischen 1900 und 1906 als Ersatz für ein neugotisches Bauwerk von 1844 erbaut. Die **Jugendstil-Wartehalle** des Architekten Bruno Paul hat, im Gegensatz zum Rest des Gebäudes, die Bombenangriffe der Alliierten unbe-

Der Eingang des Nürnberger Hauptbahnhofs beeindruckt

schadet überstanden. Hier wollte die Bahn Hand anlegen, denn im Zuge der Modernisierung um die Jahrtausendwende sollte das Kleinod verschwinden. Presse- und Bürgerproteste verhinderten dies glücklicherweise.

› Bahnhofsplatz 9

37 Staatstheater Nürnberg ★★ [F6]

Das Staatstheater besteht erst seit 2003, als der Freistaat Bayern in die Trägerschaft einstieg. Vorher war von den Städtischen Bühnen die Rede.

Das **Opernhaus** des Architekten Heinrich Seeling wurde 1905 im barockisierenden Jugendstil fertiggestellt und ist eines der großen Häuser in Deutschland. Die hohe Kuppel ist im Stadtbild weithin sichtbar. Gut 1000 Opernfreunde finden im Parkett und auf den drei Rängen Platz. Das Opernhaus **schließt 2025 wegen einer Generalsanierung** für mehrere Jahre.

Das 1959 erbaute **Schauspielhaus,** ein schlichter Backsteinbau von Kurt Schneckendorf, unterscheidet sich in jeder Beziehung vom wuchtigen Opernhaus und beherbergt neben dem Schauspiel auch die **Kammerspiele** und mit der **BlueBox** eine Bühne für moderne Inszenierungen.

› Richard-Wagner-Platz 2–10, Tel. 660690, Tickethotline Tel. 01801 344276, U2 „Opernhaus", www.staatstheater-nuernberg.de

38 DB Museum ★★★ [F6]

Hier kann man sich den Berufswunsch Lokomotivführer zumindest kurzzeitig erfüllen und selbstverständlich steht das Museum zur Geschichte der Eisenbahn an dem Ort, an dem die erste deutsche Bahnfahrt stattfand.

Die Dauerausstellung zeigt über **180 Jahre deutsche Eisenbahngeschichte.** Die ursprünglich sechs Kilometer lange Gleisstrecke vom Plärrer zur Fürther Freiheit, auf der am 7.12.1835 die erste Eisenbahn auf deutschem Boden fuhr, wuchs innerhalb von achtzig Jahren auf ein Schienennetz von 62.000 Kilometer an. Die **Auswirkungen auf Wirtschaft, Technik, Politik und Umwelt** werden im Museum auf beeindruckende Weise dargestellt.

1920 begann mit der Gründung der **Deutschen Reichsbahn** als erstem gesamtstaatlichen Bahnunternehmen ein neues Kapitel im Personenverkehr, aber auch ihre Rolle bei der **Deportation von Juden** in die Vernichtungslager wird nicht ausgespart. Weitere Ausstellungsteile befassen sich mit der **Reichsbahn** in der DDR, der **Bundesbahn** und der **Entwicklung von Bahnhöfen.**

Besonders kleine Besucher werden die Erlebniswelt mit dem **Fahrsimulator** und weiteren Stationen zum spielenden Lernen lieben. Der Höhepunkt, vermutlich vor allem für das männliche Publikum jeden Alters, ist aber die große **Modelleisenbahnanlage** mit Vorführungen jeweils zur halben Stunde. Das **Außengelände** des Museums ist Teil des Einfahrbereichs des Hauptbahnhofs. Hier können **Stellwerkgebäude** aus unterschiedlichen Zeitaltern besichtigt werden.

› Lessingstr. 6, Tel. 080032687386, U2 „Opernhaus", www.dbmuseum.de, Eintritt: 9 €, erm. 7 €, Kinder (6–17 J.) 5 €, Familien 18 €, geöffnet: Di.–Fr. 9–17 Uhr, Sa., So., Fei. 10–18 Uhr, geschl.: 1.1., Karfreitag, 1.5.,1.11., 24./25./31.12. Die Eintrittskarten berechtigen auch zum Besuch des Museums für Kommunikation 39.

39 Museum für Kommunikation ★★ [F6]

Die Ausstellung ist die Nachfolgerin der 1902 eröffneten Abteilung zur Geschichte der bayerischen Post und Telegrafie. Im Obergeschoss des DB Museums 38 dreht sich alles um die **Verbreitung und Weitergabe von Nachrichten,** beginnend mit dem ersten Schrei eines Babys bis zum Internet. Kommunikation mit Tönen, Bildern und Schrift wird dargestellt.

Wer wollte nicht schon immer mal die Sportschau kommentieren? Hier geht das und die Aufnahme landet direkt in der eigenen Mailbox. Besonders interessant ist die **Geschichte des Telefons,** die mit vielen Apparaten und einer mechanischen Vermittlungsanlage präsentiert wird. Neu dazugekommen ist die **Abteilung Internet.** Sonntagnachmittags werden regelmäßig **Führungen** für Kinder und Erwachsene zu unterschiedlichen Themen angeboten.

› Lessingstr. 6, Tel. 230880, U2 „Opernhaus", www.mfk-nuernberg.de, Eintritt: 9 €, erm. 7 €, Kinder (6–17 J.) 5 €, Familien 18 €, geöffnet: Di.–Fr. 9–17 Uhr, Sa., So., Fei. 10–18 Uhr, geschl.: 1.1., Karfreitag, 1.5., 1.11., 24./25./31.12. Die Eintrittskarten berechtigen auch zum Besuch des DB Museums 38.

MEIN TIPP

Grüne Oase

Der **Rosenaupark** ist nur einen Steinwurf von der Altstadt und dem Plärrer 40 entfernt, aber dennoch ist er eine **Oase der Ruhe.** Bei schönem Wetter ist das Café Kiosk, ehemals eine Eisdiele, beliebter Treffpunkt für ein illustres Publikum.

3 [D4] **Café Kiosk,** Rosenaupark, Bleichstr. 5, Tel. 269030, Straßenbahn 4/6 „Obere Turnstraße"

40 Plärrer und Planetarium ★ [D5]

„Dou gäids ja zou wäi am Blärrer!" ist rund um Nürnberg ein geflügeltes Wort: „Hier ist aber viel Betrieb!" Es ist allgemein bekannt, dass der Plärrer in weitem Umkreis **der verkehrsreichste Platz** ist. Der Ludwigsbahnhof ist zwar schon lange abgerissen, doch Pkw, Bahnen und Busse sorgen dafür, dass nie Stillstand herrscht.

Architektonisch wird der weitläufige Platz vor dem Spittlertor vom **Plärrer-Hochhaus** beherrscht, dem Sitz des städtischen Energieversorgers N-Ergie. Das 1952 erbaute **erste Hochhaus in Bayern** wartet mit einigen Raffinessen auf. Eine freitragende Treppe vom Foyer ins erste Obergeschoss war seinerzeit eine Sensation. Der Paternosteraufzug musste leider einer modernen Aufzugsanlage weichen. Jedes Stockwerk des Gebäudes ist um 1 cm zurückversetzt, wodurch das gesamte Gebäude schlanker erscheinen soll. Besonders elegant wirkt auch die rundum verglaste **Teestube** im 15. Stock, von deren Terrasse sich ein phänomenaler Ausblick bietet. Das Plärrer-Hochhaus kann allerdings nur bei seltenen Anlässen besichtigt werden.

Direkt daneben steht das 1961 erbaute **Nicolaus-Copernicus-Planetarium,** Bayerns einziges Großplanetarium, das mit einem Zeiss-Projektor und digitaler Technik ausgestattet ist. Neben astronomischen Themen werden auch wissenschaftliche Vorträge, kulturelle Events und spezielle Veranstaltungen für Kinder angeboten.

› **Nicolaus-Copernicus-Planetarium,** Am Plärrer 41, U1/2/3 „Plärrer", Tel. 9296553, www.planetarium-nuernberg.de. Der Eintrittspreis variiert je nach Veranstaltung.

Rund um die Altstadt

Gostenhof

Der Plärrer **40** trennt die Altstadt vom **Viertel Gostenhof**, das sich zu beiden Seiten der Fürther Straße nach Westen zieht.

Vor noch nicht allzu langer Zeit galt Gostenhof als Glasscherbenviertel mit schlechter Bausubstanz und hohem Ausländeranteil. Das Bild hat sich total verändert. Die zahlreichen **Gründerzeithäuser** wurden renoviert, „multikulti" ist hip, es herrscht eine entspannte Atmosphäre und es gibt viele Kneipen, Hinterhofbiergärten, Restaurants, Galerien und witzige Läden. Außerdem heißt das Viertel jetzt überall nur noch „GoHo": Der Wandel zum In-Viertel ist vollzogen und gelungen.

41 Rochusfriedhof ★★ [C5]

Der **Friedhof der Lorenzer Altstadt**, der dem Pestheiligen Rochus geweiht wurde, ist dem bekannteren Johannisfriedhof **44** sehr ähnlich, sowohl von seiner Entstehungsgeschichte als **Pestfriedhof** als auch vom Erscheinungsbild mit den **liegenden Grabsteinen** und **Bronzeepitaphen.** Hier wurden u.a. der Erzgießer Peter Vischer (Sebaldusgrab) und der Komponist Johann Pachelbel beigesetzt.

Die **gotische Kapelle**, erbaut von Hans Beheim d. Ä., ist seit 1520 im Privatbesitz der Familie von Imhoff und kann nur zu besonderen Anlässen besichtigt werden.

› Rothenburger Straße 20/24, U1/2/3 „Plärrer"

42 Memorium Nürnberger Prozesse ★★★ [A3]

Erst im Jahr 2010 eröffnete das Memorium Nürnberger Prozesse mit dem Saal 600. Es handelt sich um den Originalschauplatz der berühmten Kriegsverbrecherprozesse und damit um ein Stück Weltgeschichte.

Dass als **Sitz des Internationalen Militärtribunals** ausgerechnet Nürnberg ausgewählt wurde, die Stadt der Reichsparteitage und der Rassegesetze (s. S. 61), hat zwar eine hohe Symbolkraft, passierte aber in Wahrheit aus pragmatischen Gründen.

Der **Justizpalast** mit der angegliederten Haftanstalt weit außerhalb des Zentrums war schlicht von ausreichender Größe und hatte den Zweiten Weltkrieg unbeschadet überstanden. Dennoch schafften es die Prozesse

045ng Abb.: bs

Im Nebengebäude des Justizpalastes befindet sich der berühmte Schwurgerichtssaal 600

und die von den Vereinten Nationen verabschiedeten **„Nürnberger Prinzipien“**, ein Kodex, der Verbrechen gegen den Frieden und Verletzungen des Völkerrechts unter Strafe stellt, den Namen der Stadt wieder positiv zu besetzen und dies hat letztendlich auch den Jahrzehnte später eingeschlagenen Weg zur **„Stadt der Menschenrechte“** begünstigt.

Die Ausstellung im Memorium Nürnberger Prozesse widmet sich sowohl der **Vorgeschichte** und dem **Verlauf des Hauptkriegsverbrecherprozesses** und der **Nachfolgeprozesse** als auch der **Verfolgung von NS-Verbrechen** im In- und Ausland nach 1946. Im letzten Teil werden die **Folgen der Nürnberger Prozesse** aufgezeigt, bis hin zur Gründung des Internationalen Strafgerichtshofs von Den Haag.

› Bärenschanzstr. 72, U1 „Bärenschanze“, www.memorium-nuernberg.de, Tel. 23128614, Eintritt: 7,50 €, erm. 2,50 €, Familien 15 €, geöffnet: Mo., Mi.–Fr. 9–18, Sa., So. 10–18 Uhr

046ng Abb.: bs

St. Johannis

Im Westen der Sebalder Altstadt schließt sich der **Stadtteil St. Johannis** an. Ursache seiner ersten **urkundlichen Erwähnung** war die Verlegung der Leprastation aus der Altstadt hinaus zum Siechenkobel in St. Johannis. Auf die ehemals dörfliche Struktur lassen noch einige geduckte Gebäude an der Johannisstraße [C2–E3] schließen. Für einen Besuch eignet sich beispielsweise ein Spaziergang vom Tiergärtnertorplatz 3 aus.

43 Kreuzweg ★ [E2]

Der vom Bildhauer Adam Kraft (s. S. 46) 1506 bis 1508 geschaffene Kreuzweg führt vom Pilatushaus am Tiergärtnertorplatz 3 zum Johannisfriedhof 44. Insgesamt befinden sich auf dem Weg über die Burgschmietstraße und Johannisstraße **sieben Sandsteinreliefs als Kreuzwegstationen**, die die Meisterschaft des Handwerkers erkennen lassen. Die Originalreliefs befinden sich allerdings heute im Germanischen Nationalmuseum 28, die Kreuzigungsgruppe im Heilig-Geist-Spital 17.

44 Johannisfriedhof ★★★ [C2]

Aus zweierlei Gründen gehört der Johannisfriedhof zum Pflichtprogramm eines Nürnberg-Besuchs. Zum einen ist hier die Grablege vieler wichtiger Persönlichkeiten, zum anderen ist der Friedhof besonders im Frühjahr und Sommer ein Meer aus Farben und Blumen.

Der **Ursprung** des Johannisfriedhofs geht auf den **Siechenkobel** (Aussätzigenhaus) zurück, in dessen Nähe 1395 eine Kapelle und der

‹ *Das schlichte Grab Albrecht Dürers*

Friedhof geweiht wurden. 1518 wurden Begräbnisse innerhalb der Stadtmauer verboten, wodurch der Johannisfriedhof die **Begräbnisstätte der Sebalder Altstadt** wurde.

Große, liegende, einheitlich ausgerichtete, schlichte Sandsteinblöcke bilden die **Grabsteine** des Friedhofs. Darauf sind in unterschiedlichen Ausführungen **bronzene Epitaphien** angebracht, die in einfacher oder auch hoch kunstvoller Art dem Verstorbenen ein Denkmal setzen. Die zahlreichen **Rosenbüsche** und reich bepflanzten Schalen auf den Grabsteinen bilden ein unvergleichliches **Farbenmeer.**

Der Friedhof wird auch heute noch genutzt und zu den hier Begrabenen gehören viele **berühmte Nürnberger:** Albrecht Dürer, Veit Stoß und Wenzel Jamnitzer (16. Jh.), der Philosoph Ludwig Feuerbach, Fabrikant Theodor von Cramer-Klett (MAN), der Lokführer der ersten deutschen Eisenbahn, William Wilson (19. Jh.), Eisfabrikant Theo Schöller und der Vorsitzende der Altstadtfreunde, Erich Mulzer (21. Jh.).

Die reich ausgestattete **Johanniskirche**, 1395 fertiggestellt, ist die einzige historische Kirche, die den Zweiten Weltkrieg unbeschadet überstanden hat. Die kleinere, runde **Holzschuherkapelle** beherbergt die letzte Station von Adam Krafts Kreuzweg 43.

› Johannisstr. 55, www.st-johannisfriedhof-nuernberg.de, Tel. 330516, Straßenbahn 6 „Johannisfriedhof“, geöffnet: Okt.–März 8–17, Apr.–Sept. 7–19 Uhr

45 Hesperidengärten und Barockgarten ★ [D2]

In der Johannisstraße vom Friedhof aus stadteinwärts gehend, trifft man auf schöne Gartenanlagen. Von der Straße aus lässt nichts auf deren Vorhandensein schließen, denn sie liegen nicht einsehbar und zurückversetzt hinter der Häuserreihe. Über die Johannisstr. 47 können die drei zusammenhängenden **Hesperidengärten** betreten werden. In der Jo-

Skulpturen im Barockgarten

hannisstr. 13 ist der **Barockgarten** zu besichtigen. Wohlhabende Kaufleute ließen sich hier ihre Gemüsegärten in barocke Ziergärten umwandeln. Gemäß dem Geist ihrer Zeit wurden sie mit **Figuren der griechischen Mythologie** (Hesperiden = Nymphen) geschmückt. Statt Zwiebeln und Petersilie versuchte man die Aufzucht von teuren Zitrusfrüchten.

Die erhabene Eleganz der Anlagen löst ehrfurchtsvolle Bewunderung aus und eine kurze Pause ist hier angemessen.

› Straßenbahn 6 „Hallerstraße", geöffnet: Apr.–Okt.

Maxfeld

Im Nordosten schließt sich der Stadtteil Maxfeld an die Altstadt an. Die Bayreuther Straße als wichtigste Ausfallstraße führt zum Berliner Platz [J1], wo mit der **Reformations-Gedächtnis-Kirche** (erbaut ab 1935) Luthers Wort „Eine feste Burg ist unser Gott" zu Stein geworden ist. Das trutzige Gebäude mit drei Türmen und einem runden Hauptschiff wirkt verschlossen und wehrhaft.

46 Stadtpark ★ [I1]

Die **grüne Lunge der Nordstadt** und des Maxfelds ist der Stadtpark, dessen Ursprünge sich ins Jahr 1759 zurückverfolgen lassen. Am 12. November 1787 erhob sich hier der Franzose Blanchard mit seinem **Heißluftballon** vor 50.000 Zuschauern in die Lüfte. Die Umgestaltung zu einem **englischen Landschaftspark mit See** erfolgte 1856 auf Privatinitiative. Danach wurde der Park noch mehrfach umgestaltet, u.a. zu den Bayerischen Landesausstellungen 1882 und 1896. Neben verschiedenen Plastiken ist der **Neptunbrunnen** (1688/1902) das bedeutendste künstlerische Werk des Parks. Die zwei Jahreszahlen, die dem Brunnen zugeordnet werden, sind schon ein erstes Indiz für eine **ungewöhnliche Story.** Der Neptunbrunnen sollte den Schönen Brunnen auf dem Hauptmarkt ablösen, da dieser zur Wasserversorgung nicht mehr ausreichte. Nach seiner Fertigstellung durch den Bildhauer Georg Schweigger erschien dem Rat der Betrieb der großen Anlage aber als zu teuer. Der Brunnen wurde über 100 Jahre eingelagert und 1797 **nach Russland verkauft,** wo er am Peterhof, der Sommerresidenz des Zaren, aufgestellt wurde.

Weitere 100 Jahre später hätte man den Brunnen gerne wieder zurückgehabt, was aber natürlich nicht möglich war. Mit dem Geld des jüdischen Hopfenhändlers Gerngroß wurde deshalb eine **Kopie** angefertigt und 1902 tatsächlich auf dem Hauptmarkt enthüllt. Nach 1933 musste der Brunnen – da mit jüdischem Kapital finanziert – weichen und er landete auf dem Marienplatz (heute Willy-Brandt-Platz).

Und jetzt wird es endgültig **kurios.** 1941 besetzte die Wehrmacht den Peterhof in Russland, baute den **ursprünglichen Neptunbrunnen** ab und ließ ihn zurück nach Nürnberg transportieren, wo er in einem Luftschutzbunker eingelagert wurde. 1947 musste der Brunnen wieder an Russland zurückgegeben werden. Auch der **Irrweg der Kopie** war noch nicht zu Ende. 1962 musste er dem Busbahnhof weichen und kam in den Stadtpark. Einen weiteren Umzug auf den Jakobsplatz verhinderte 1981 der Stadtrat mit der Stimmenmehrheit von – Achtung! – CSU, Grünen und DKP. Noch immer melden sich Stimmen, die eine Aufstellung

auf dem Hauptmarkt fordern. Aber irgendwann ist es wirklich genug.

Übrigens: Alt-Oberbürgermeister Maly hat schon mal gesagt, der Neptunbrunnen sei der „schönste Barockbrunnen aus dem 17. Jh. nördlich der Alpen".

› U2 „Rennweg"

Schoppershof und Erlenstegen

Beide Ortsteile liegen nördlich der Pegnitz im Osten der Stadt. **Erlenstegen** gilt als teuerstes Pflaster Nürnbergs und Wohngegend der Wohlhabenden. Bedeutendstes historisches Gebäude ist die **Kirche St. Jobst** mit dem Pestfriedhof, entstanden um 1300 (Äußere Sulzbacher Straße 146 [ei]) als einer von vier Standorten von Siechenkobeln.

Der Besuch von **Schoppershof** ist aufgrund des Museum Industriekultur 47 den Besuch wert.

Der Neptunbrunnen im Stadtpark hat eine kuriose Odyssee hinter sich

47 Museum Industriekultur ★★ [di]

Im ehemaligen **Eisenwerk Julius Tafel**, kurz Tafelwerk genannt, werden die **Industrie- und Technikgeschichte** Nürnbergs und parallel dazu die **Kultur- und Sozialgeschichte** gezeigt. Im Mittelpunkt steht das Leben der Menschen in den unterschiedlichen Gesellschaftsschichten und ihre **Alltags- und Arbeitsbedingungen.**

Für den Anfang der Industrieentwicklung steht eine Gipsmühle, die die Wasserkraft der Pegnitz nutzt. Verschiedene **Schwerpunkte der Nürnberger Industriegeschichte** werden dargestellt, beispielsweise die Elektrizitätserzeugung, der Maschinenbau, die Drucktechnik, die Bleistiftherstellung und nicht zuletzt die Produktion von Zweirädern. Das Ende der Schau zeigt den **Strukturwandel durch Automatisierung.**

Weitere Bestandteile sind das **Schulmuseum** mit einem historischen Klassenzimmer von 1910 und die **Ausstellung zur Fahrrad- und Motorradgeschichte**. Jedes Jahr werden auch mehrere Sonderausstellungen ausgerichtet.

Im gleichen Gebäudekomplex befindet sich auch die **Tafelhalle** (s. S. 86), ein Veranstaltungsort für z. B. Theateraufführungen, Kabarett, Musik- und Tanzveranstaltungen.

› Äußere Sulzbacher Str. 60–62, Straßenbahn 8 „Tafelhalle", Tel. 2313875, https://museen.nuernberg.de/museum-industriekultur, Eintritt: 7,50 €, erm. 2,50 €, Familienkarte 15 €, geöffnet: Di.–Fr. 9–17, Sa., So., Fei. 10–18 Uhr

Mögeldorf und Laufamholz

Die erste urkundliche Erwähnung von **Mögeldorf** datiert ins Jahr 1025, Mögeldorf ist also **älter als Nürnberg.** Früher war das Pegnitztal eine bevorzugte Gegend für Landsitze von Nürnberger Patriziern und auch heute noch gilt der Ortsteil, wie auch das nördlich des Flusses gelegene Nobelviertel Erlenstegen, als **beste Wohngegend.** Das Pegnitztal und die Ufer des Wöhrder Sees bieten reizvolle Spazierwege und mit der Satzinger Mühle (mit plätscherndem Mühlrad) ein gastronomisches Ziel.

Allgegenwärtig im Nürnberger Osten ist der **Business Tower** (Ostendstraße 100) der Nürnberger Versicherungsgruppe, mit 135 m Höhe das zweithöchste Hochhaus Bayerns. Der moderne Komplex mit dem künstlichen See bietet Arbeitsplätze für rund 4500 Menschen und verfügt über ein effizientes Energiemanagement. Sogar die Bremsenergie der Aufzüge wird zur Stromerzeugung genutzt.

Sehenswert ist auch das **historische Ortsbild Mögeldorfs** mit Sand-

Das Hallerschloss ist ein Kleinod außerhalb der Altstadt

stein- und Fachwerkhäusern rund um die gotische St. Nikolaus-und-Ulrich-Kirche und den Patrizierresidenzen **Link'sches Schloss** (Ziegenstr. 3) und **Hallerschloss** (Kirchenberg 7), die jedoch nicht besichtigt werden können.

Am östlichen Stadtrand liegt **Laufamholz** mit weiteren Herrensitzen und dem Industriegut Hammer (48), einem touristischen Höhepunkt.

(48) Industriegut Hammer ★★ [fi]

Am östlichen Stadtrand von Nürnberg liegt direkt an der Pegnitz ein in Deutschland **einzigartiges Kulturdenkmal.** Das Industriegut Hammer ist ein echter Tipp abseits der Touristenströme. Es besteht seit 1372 als **Mühle**, 1492 wurde mit Wasserkraft bereits ein Messinghammer betrieben. Im Markgrafenkrieg wurde die Anlage zerstört (1552), jedoch mit einer Schutzmauer versehen wieder aufgebaut und in den folgenden Jahrzehnten kontinuierlich ausgebaut. Neben dem **Herrenhaus** wurden **Arbeiterwohnungen** errichtet und 1650 sogar eine **Schule** für die Kinder der Beschäftigten. Die Arbeiterwohnungen waren mietfrei und konnten von den Familien lebenslang bewohnt werden. Als Gegenleistung für diese Sozialleistungen mussten sich die Arbeiter verpflichten, **Stillschweigen über betriebliche Dinge** zu bewahren. Verarbeitet wurde hier in erster Linie Messing, aber auch Blattgold wurde produziert. Die **Handelsbeziehungen** des Gutes gingen bereits im 17. Jahrhundert über Europa hinaus.

1894 wurde mit Wasserkraft **Elektrizität** erzeugt und die Walzwerke wurden auf Strom umgestellt. Die Produktion endete 1943 mit einem Bombenangriff der Alliierten. Seit 1977 ist das Ensemble unter **Denkmalschutz.** Die anachronistisch wirkende Anlage mit ihren **Sandstein- und Fachwerkhäusern** aus der „guten alten Zeit“ lädt zu Entdeckungen und zur Sozialkritik ein. Im **Uhrenhaus** befindet sich eine kleine Ausstellung zur Geschichte des Industrieguts (geöffnet: Ostersonntag bis Okt. So. 14–17 Uhr). Etwas unpassend wirkt der **Volkamersche Obelisk**, den der frühere Besitzer, inspiriert vom Obelisken im Hippodrom von Konstantinopel, um 1700 für seinen Garten in Gostenhof nachbilden ließ. 1861 wurde er hierhergebracht.

› Christoph-Carl-Platz, Bus 40 „Hammer“

065ng Abb.: bs

Die Mögeldorfer Kirche

Zerzabelshof

Der „Zabo“, wie der geschäftige Ortsteil liebevoll genannt wird, ist die **Heimat des 1. FC Nürnberg.** Mit dem Bau eines Stadions im Jahr 1913 begann der Aufstieg des Clubs zum deutschen Rekordmeister. Heute erinnert nur noch die nach dem legendären Torwart Heiner Stuhlfauth benannte Straße an die alte Heimat. 1968 wurde das neue **Trainingsgelände** [ej] in der Valznerweiherstraße eingeweiht, damals das modernste in Europa, wie es sich für einen amtierenden Deutschen Meister gehörte. Am Ende jener Saison stand der erste Abstieg und es folgten neun Jahre Zweitklassigkeit.

49 Tiergarten ★★★ [ej]

Die ehemaligen Sandsteinbrüche am Schmausenbuck und die alten Baumbestände bilden den Rahmen für einen der schönsten europäischen Landschaftszoos.

Die Anlage im Lorenzer Reichswald wurde am 5. Mai 1939 eröffnet, nachdem der Alte Tiergarten am Dutzendteich dem Reichsparteitagsgelände 50 weichen musste. Die heutigen Gehege sind behutsam **in die Landschaft eingebaut** und bieten ein erholsames Freizeiterlebnis. Eine besondere Attraktion ist die beeindruckende, 24 Mio Euro teure **Delfinlagune**, in der die eleganten Tiere zusammen mit den **Seelöwen** sowohl im Freien als auch im „Blauen Salon“ hinter einer 27 cm dicken, gebogenen Panoramascheibe aus Acrylglas zu bewundern sind. Auch die friedlichen **Seekühe** haben hier eine Heimat gefunden. Überhaupt wird ständig viel Geld investiert, um den Tiergarten noch attraktiver und zeitgemäßer zu gestalten.

MEIN TIPP

Theater im Tiergarten

Samstagabends bittet das Restaurant Waldschänke zum **Culinartheater** (s. S. 85), dem Theater im Tiergarten. Spielszenen und Gesang wechseln sich mit feinem Essen ab und bieten eine perfekte Abendunterhaltung mit mancher Überraschung. Treffpunkt ist 19.30 Uhr am Eingang des Tiergartens.

Empfehlenswert ist ein Besuch ganz früh am Morgen. Zum einen sind die Tiere dann wesentlich aktiver, zum anderen entgeht man den Besuchermassen, die an schönen Wochenendtagen ab etwa 11 Uhr in den Tiergarten strömen.

› Am Tiergarten 30, Straßenbahn 5 „Tiergarten“, Tel. 54546, www.tiergarten.nuernberg.de, Eintritt: 18 €, erm. 16 €, Kinder bis 13 J. 8,50 €, Familienkarte 42 €, geöffnet: tgl. 8–19.30 Uhr, im Spätherbst/Winter frühere Schließzeiten (siehe Website)

Rund um den Dutzendteich

Heute spielen die **Grünflächen** um den Großen und Kleinen Dutzendteich sowie den Silbersee eine wichtige Rolle für die **Naherholung.** Den Luitpoldhain 52 und den Volkspark Dutzendteich nutzen Familien an sonnigen Wochenenden zum Grillen, Spaziergänger, Jogger und Walker ziehen bei jedem Wetter ihre Kreise und Stadion und Arena 53 locken bei Großveranstaltungen Tausende Besucher an. Trotz dieser Freizeitidylle repräsentiert dieser Bereich auch den düstersten Abschnitt der Nürnberger Geschichte: Hier befand sich das **Aufmarschgelände der Nationalsozialisten**, das Reichsparteitagsgelände 50.

50 Dokumentationszentrum Reichsparteitagsgelände ★★★ [ek]

Ein Teil des Monumentalbaus der Kongresshalle, dem Kolosseum in Rom nachempfunden, beherbergt eine der bedeutendsten Ausstellungen Deutschlands, die sich mit der Zeit des Nationalsozialismus auseinandersetzt.

Die **Dauerausstellung „Faszination und Gewalt"** beschreibt den Weg vom Aufstieg der NSDAP zu Diktatur und Führerkult. Die Reichsparteitage selbst werden ebenfalls thematisiert, sowohl unter baugeschichtlichen Aspekten als auch aus Sicht der faszinierten Teilnehmer. Die unverputzten, fensterlosen Räume und die Art der Präsentation von **Originaldokumenten** (Akten, Filme, Tondokumente) bilden einen eindrucksvollen Rahmen für diese Ausstellung. Bereits die **Architektur des Ausstellungsgebäudes** hat Symbolkraft: Man betritt das Gebäude über einen vom Österreicher Günther Domenig entworfenen Baukörper aus Glas und Stahl, der wie ein Pfahl durch das Nazi-Bauwerk getrieben zu sein scheint.

Das Ausleihen von **Audioguides** wird dringend empfohlen, schon allein, um die **Tondokumente** nicht zu verpassen. Wechselnde **Sonderausstellungen** und ein umfangreiches **Veranstaltungsprogramm** lenken die Aufmerksamkeit auf weitere Facetten der Zeitspanne, die das Bild von Nürnberg so nachhaltig prägte. Natürlich ist es schwere Kost, die den Besucher hier erwartet. Dennoch sollte man auf diesen Besuch keinesfalls verzichten.

Das Gebäude selbst, die **Kongresshalle**, ist ein Torso, der den **Größen-**

⌃ Die Architektur des Dokumentationszentrums beeindruckt

wahn der Nazis wiederspiegelt. Statt der ursprünglich geplanten Höhe von 70 m wurden nur 39 m erreicht und die Überdachung fehlt gänzlich. Neben dem Doku-Zentrum ist das Gebäude heute die Heimat der **Nürnberger Symphoniker** und bietet mit dem **Serenadenhof** eine der attraktivsten Freilichtbühnen der Stadt.

› Bayernstr. 110, Straßenbahn 6/8, Bus 36/55/65 „Doku-Zentrum", Tel. 2317538, www.museen.nuernberg.de/dokuzentrum, geöffnet: tgl. 10–18 Uhr, geschl.: 24./25.12., Eintritt: 6 €, erm. 1,50 €, Familienkarte 12,50 €. Aufgrund von Umbauarbeiten ist derzeit nur eine kompakte **Interimsausstellung** zu sehen. Die neu konzipierte Ausstellung soll **2025** eröffnet werden.

Nach dem Krieg sollte die Steintribüne am Reichsparteitagsgelände von US-Truppen gesprengt werden – doch dafür war sie zu massiv gebaut

51 Zeppelinfeld ★★ [ek]

Das Zeppelinfeld bildete das **zentrale Aufmarschgelände** für die Teilnehmer der Reichsparteitage. Über die Große Straße (heute Parkplatz für Messe- und Stadionbesucher) marschierten Zigtausende Uniformierte, um dem Führer zu huldigen. Der Diktator selbst stand auf der dem Pergamonaltar nachempfundenen **Steintribüne** am Nordrand des Geländes. Heute drängen sich dort Touristen aus aller Herren Länder, um sich in der **Führerkanzel** ablichten zu lassen. Überhaupt ist der vollkommen **entspannte Umgang der Nürnberger** mit diesem Bauwerk ein Faszinosum. Skater fahren vor der Tribüne auf und ab, Familien mit Kindern sind unterwegs, Tausende Motorsportfans jubeln beim Norisringrennen ihren Helden zu – von der drückenden Last der Geschichte ist nichts zu spüren, und das ist gut so.

Das eiserne Hakenkreuz ganz oben auf dem Mittelbau der Tribüne haben die amerikanischen Besatzer zwar entfernt, doch die Tribüne selbst war

050ng Abb.: bs

MEINE TIPPS

Rock im Park

Unvergessen ist das Konzert von Bob Dylan am 1. Juli 1978 vor 80.000 Zuhörern auf dem Zeppelinfeld 51 und seit 1997 wird die Tradition großer Rockkonzerte von „Rock im Park" fortgesetzt (1998 übrigens wieder mit Dylan).

Zunächst fand es im Stadion statt, doch inzwischen rockt man wieder auf dem **Zeppelinfeld** und das Areal rund um die Steintribüne ist Anfang Juni für drei Tage Mittelpunkt der Rockszene Süddeutschlands.

› www.rock-im-park.com

Klassik Open Air

Der Luitpoldhain 52 ist in den letzten Jahren ins Interesse von Musikliebhabern gerückt. An zwei Sommerabenden Ende Juli und Anfang August treten die **Nürnberger Philharmoniker** und die **Nürnberger Symphoniker** zum **Klassik Open Air** an, Europas größter Freiluftveranstaltung für klassische Musik mit über 100.000 picknickenden und auf Decken sitzenden Besuchern. Die Krawatte und das „kleine Schwarze" dürfen getrost zu Hause bleiben, Wein und Kerzen sind erlaubt – und das alles bei freiem Eintritt.

› www.klassikopenair.de

für eine Sprengung zu massiv. Nach inzwischen fast 90 Jahren wurde das Bauwerk nach und nach marode und es stellte sich die Frage, ob man es „kontrolliert verfallen" lassen oder sanieren solle. Nach emotionalen Diskussionen wurde für Sanierung votiert. Der Bund übernimmt 50 % der Kosten, Stadt und Freistaat jeweils ein Viertel. Man geht von einem Gesamtbedarf von 85 Mio. Euro aus.

› Zeppelinstr./Beuthener Str., Straßenbahn 6 „Dutzendteich"

52 Luitpoldhain und Meistersingerhalle ★ [dk]

Nördlich der Ringstraße gelegen war die **Parkanlage Luitpoldhain** Schauplatz des **ersten Reichsparteitags der NSDAP** (1927). Die 1929 fertiggestellte **Ehrenhalle** zum Gedenken an die Opfer des Ersten Weltkriegs wurde in den folgenden Jahren für die Zeremonie der „Blutfahnenweihe" missbraucht. Die Blutfahne wurde angeblich 1923 von den Teilnehmern des Hitlerputsches mitgeführt und war eine Nazi-Reliquie.

Die ab 1933 errichteten Bauten der Luitpoldarena, Aufmarschfläche von SS und SA, wurden 1959/60 wieder abgetragen, um den Bau der **Meistersingerhalle** zu ermöglichen. Ziel des Architekten Harald Loebermann war es, ein multifunktionales Gebäude zu errichten, ohne die Natur und den Baumbestand des Luitpolthains zu zerstören. Im Stil der Zeit wurde „Kunst am Bau" in die Architektur integriert.

Die Halle wurde 1963 eröffnet und ist, obwohl mittlerweile etwas in die Jahre gekommen, heute Schauplatz von Konferenzen und Kongressen, Kulturveranstaltungen, Bällen oder IHK-Prüfungen. Seit 2007 steht die Meistersingerhalle unter Denkmalschutz.

› Münchener Str. 21, Straßenbahn 8 „Meistersingerhalle", Tel. 2318000, www.meistersingerhalle.nuernberg.de

53 Max-Morlock-Stadion und Arena ★ [ek]

In direkter Nachbarschaft liegen die beiden größten Veranstaltungsorte der Stadt, das Stadion und die Multifunktionsarena.

Das 1928 fertiggestellte **Stadion der Stadt Nürnberg** hat viele Namenswechsel hinter sich: Victory

Der Club – die Legende lebt ...

Der Nürnberger – eigentlich der Franke, mit Ausnahme einiger vom Fürther Kleeblatt Verblendeter – steht zu seinem Club, egal wie der aktuelle Tabellenstand gerade aussieht. Zu eigenen Lebzeiten eine zehnte Deutsche Meisterschaft erleben zu können, wäre für jeden Fan fast wie in den Himmel zu kommen.

Die Realität sieht derzeit leider ganz anders aus: Der nach eigenem Selbstverständnis erstklassige Verein pendelt permanent zwischen 1. und 2. Bundesliga, kommt aber mit großer Beständigkeit immer wieder zurück ins Oberhaus. Ähnlich wie die ganze Stadt muss auch der 1. FC Nürnberg – landauf, landab schlicht als „der Club“ bekannt – weit zurückblicken, wenn es um seine Glanzzeiten geht. Immerhin, auf der Erfolgsliste stehen vier Pokalsiege und neun Deutsche Meistertitel, der letzte 1968. Was dann passierte, ist kaum nachzuvollziehen: Als Meister stieg der Club ab, versank für neun lange Jahre in der Zweitklassigkeit und hat den Umstieg in die Professionalisierung während dieser Phase verpasst. Deshalb ging es so weiter: Abstieg, Aufstieg, Abstieg, Aufstieg, manchmal unter dramatischen Begleitumständen. Dazwischen gab es sogar einmal ein Gastspiel in der 3. Liga, aber auch zwei im UEFA-Cup.

Das stellt an die Anhänger des Vereins ganz besonders hohe Anforderungen. Die Leidensfähigkeit der Fans ist legendär und auch die Eigenart, bei einer 2:0-Führung in der letzten Minute noch mit der Niederlage zu rechnen, ist nicht unbegründet. Auf den Punkt ge-

051ng Abb.: ctz

bracht hat das der Nürnberger Kolumnist Klaus Schamberger: „Der Club ist ein Depp!"

Der 1. FCN gehört zu den großen Vereinen im deutschen Fußball und hat auch bei Auswärtsfahrten beachtliche Anhängerscharen im Schlepptau. Im beharrlichen Auf und Ab spiegelt sich auch irgendwie das fränkische Naturell wider, zu dem Fatalismus, Pragmatismus, Trotz, Sturheit und Treue gehören.

Viele Geschichtchen ranken sich auch um die Rivalität mit dem Verein aus der Nachbarstadt. Besonders gern erzählt wird die Anekdote um das Länderspiel gegen die Niederlande am 21.4.1924 in Amsterdam. Die deutsche Nationalmannschaft bestand ausschließlich aus Spielern des Clubs und der SpVgg Fürth. Man reiste zwar im gleichen Zug an, jedoch in getrennten Waggons. Beim 1:0-Siegtreffer jubelten nur die Fürther Spieler.

Zuletzt sei noch die Torhüterlegende der 1920er-Jahre, Heiner Stuhlfauth, zitiert: „Es ist eine Ehre, für diese Stadt, diesen Verein und die Bewohner Nürnbergs zu spielen. Möge all dies immer bewahrt werden und der großartige FC Nürnberg niemals untergehen."

4 [ek] **Club-Museum,** Valznerweiherstr. 200, Bus 44 „Sportanlage FCN", Tel. 94079100, www.fcn.de, Mo.–Fr. 9–12.30, Mo., Mi., Do. auch 13.30–17 Uhr, Eintritt frei. Erfolge und Tragödien werden anhand von Ton- und Filmdokumenten sowie anschaulichen Exponaten eindrucksvoll präsentiert.

Bei besonderen Spielen lassen sich die Fans in der Nordkurve beeindruckende Choreografien einfallen

Stadium hieß es nach dem Zweiten Weltkrieg, als es unter alleiniger Nutzung der US-Armee war. Nach der Rückgabe wurde es profan Städtisches Stadion genannt, ehe es nach dem Komplettumbau 1988 in Frankenstadion umbenannt wurde. Die zunehmende Kommerzialisierung des Fußballs brachte die Bezeichnungen easy-credit- und Grundig-Stadion hervor, ehe es seit 2017 endlich den Namen der Vereinsikone **Max Morlock** tragen darf.

Trotz der Leichtathletikbahn, die die Zuschauer vom Spielfeld trennt, sorgen die 50.000 Zuschauer hier bei Heimspielen für beste Stimmung, denn der Franke jubelt und leidet mit seinem Club und lässt es auch im Stadion raus. Donnerstags kann das Stadion im Rahmen einer geführten Tour vom Ehrengastbereich bis zur Arrestzelle besichtigt werden (Mai–Sept. 17 Uhr, Apr., Okt. 16 Uhr, Tel. 2173333, www.stadion-nuernberg.de).

› Max-Morlock-Platz 1, S2/3 „Frankenstadion"

Dem Stadion gegenüber steht die **Multifunktionshalle Arena Nürnberger Versicherung.** Hauptmieter sind die **Nürnberger Ice Tigers.** Doch auch der Handball-Bundesligist **HC Erlangen** und gelegentlich die **Brose Baskets Bamberg** nutzen die Arena als Heimspielstätte. Musikevents, Kongresse oder Messen runden das abwechslungsreiche Veranstaltungsprogramm ab.

› Kurt-Leucht-Weg 11, S2/3 „Frankenstadion", Tel. 988970, www.arena-nuernberg.de. Ende Sept. bis Anfang April ist die Arena für öffentliches Eislaufen zugänglich, samstags mit Eisdisco. Die Öffnungszeiten sind auf der Website veröffentlicht.

Max Morlock

Das **Stadion** 53 und der **Platz** davor sind nach Max Morlock, Nürnbergs größtem Fußballer, benannt. Hinter der Nordkurve steht eine **Bronzestatue,** die ausschließlich durch Spenden von Fans finanziert wurde. Der Moment, als Morlock mit der Zehenspitze seines rechten Fußes das **Wunder von Bern** einleitete, wurde 2004 auf einer Briefmarke verewigt.

Bereits als 16-Jähriger spielte Max Morlock in der 1. Mannschaft des Clubs. Zwischen 1941 und 1964 bestritt er 944 Pflichtspiele und erzielte 588 Tore, wurde zweimal Deutscher Meister (1948, 1961) und einmal Pokalsieger (1962). Für die Nationalelf spielte er 26-mal und konnte 21 Tore verbuchen. 1961 wurde er zum **Fußballer des Jahres** gewählt. Nach seiner Karriere führte er ein Lottogeschäft in der Südstadt. Er verstarb 1994 viel zu früh an einer Krebserkrankung. Zeit seines Lebens war er ein Vorbild an Bescheidenheit und Vereinstreue.

MEIN TIPP

Kino mit Courage

Nachdem im Jahr 2009 das traditionsreiche **Programmkino Casablanca** schließen sollte, zeigten einige Südstädter ihre fränkische Dickschädligkeit. Kurzerhand gründeten sie die **Interessengemeinschaft Casa e. V.** Nach einem Jahr der ehrenamtlichen Renovierung eröffneten sie **Kino, Kneipe** und **Kleinkunstbühne** in neuem Glanz. Respekt.

K5 [dj] **Casablanca,** Brosamerstr. 12, U1 „Maffeiplatz", Tel. 2179246, www.casablanca-nuernberg.de

Die Südstadt

Mit dem Begriff Südstadt verbindet der Nürnberger ein riesiges Areal zwischen Hauptbahnhof und Güterbahnhof, Dutzendteich und Schweinau. Hier regiert abseits großer Sehenswürdigkeiten das **alltägliche Leben.** Touristen verirren sich selten hierher. Die Südstadt, aufgrund zahlreicher Industrieanlagen Ziel vieler Bombenangriffe, hat den Zweiten Weltkrieg schwer getroffen überstanden und ist heute **Wohn- und Arbeitsstätte** für Tausende Nürnberger. Die Industrie ist im **Strukturwandel** begriffen, beispielhaft zu sehen am ehemaligen Phillipsgelände, heute **Nürbanum** genannt: Städtebaulich gelungen sind in die Werksgebäude eine Vielzahl verschiedenster Betriebe, Ateliers und Werkstätten eingezogen.

Das Herz der Südstadt schlägt am Aufseßplatz [G7], dem quirligen Geschäftszentrum des Viertels mit dem **Nymphenbrunnen** und dem **Wettertürmchen.** Dass „multikulti" hier angesagt ist, erkennt man auf den ersten Blick und so ist es auch kein Wunder, dass Nürnbergs größte **Moschee,** benannt nach Eyüp Sultan, in der Südstadt steht (Kurfürstenstr. 16).

Einmal im Jahr, am ersten Juliwochenende, kommt – und das ist wörtlich zu nehmen – die ganze Welt in die Südstadt, genauer in den Annapark. Seit Anfang der 1980er-Jahre ist das **Südstadtfest** eine Feier der Völkerverständigung, der Kultur, der Kommunikation und – in Franken besonders wichtig – des Essens und Trinkens (wobei das Angebot weit über Drei im Weggla hinausgeht). Das Fest bildet den sozialen Kitt zwischen den Bewohnern aus über 80 Ländern und alle machen mit.

NÜRNBERG ERLEBEN

002ng Abb.: bs

Nürnberg für Kunst- und Museumsfreunde

Von der Stadt, die mit **Albrecht Dürer** einen der berühmtesten deutschen Maler hervorgebracht hat, darf der Besucher auf dem Sektor Kunst und Museen etwas erwarten. Dürer selbst ist zwar im Stadtbild allgegenwärtig, oft aber nur aus Merchandising-Gründen, der Großteil seiner Werke ist bedauerlicherweise über ganz Europa verstreut. Doch es gab ja zum Glück nicht nur den Dürer in Nürnberg, und so werden alle Wünsche von Museumsliebhabern erfüllt. Das Spektrum reicht von **Häusern mit Weltruf** bis zu etwas **exzentrischen Sammlungen.**

Museen

4 [F3] **Albrecht-Dürer-Haus.** Im Haus in der Altstadt, das der Meister 1509 erworben hatte, ist heute eine Darstellung über das Leben und die Lebenswelt des Grafikers, Malers und Mathematikers zu sehen (s. S. 21).

M6 [G3] **Bernsteinmuseum,** Tucherstr. 28, Tel. 5105550, www.bernstein-museum.net, geöffnet: Mo.–Sa. 10–13 und 14–16 Uhr, Eintritt frei. Hier ist Bernstein in all seinen Facetten und Ausprägungen zu bewundern. Gezeigt wird unter anderem Deutschlands größter Stein mit fast 12,5 kg Gewicht.

M7 [G5] **Bibel Museum Bayern,** Lorenzer Platz 10, Tel. 477789-400, https://bibelmuseum.bayern, geöffnet: Di.–Fr. 10–17, Sa./So./Fei. 11–18 Uhr, Eintritt: 6 €, erm. 4 €, Aufpreis für Führungen 4 €. Im 2022 eröffneten Haus geht es um die Heilige Schrift als Kulturgut, das aus unterschiedlichen Blickwinkeln betrachtet wird. Hervorstechende Objekte sind etwa die 40 kg schwere Gumbertusbibel oder eine Übersetzung in Klingonisch.

10 [F4] **Bratwurstmuseum.** Der Name ist Programm: Hier dreht sich alles rund um die Nürnberger Rostbratwurst (s. S. 29).

› **Club-Museum** (s. S. 65)

38 [F6] **DB Museum.** Selbstverständlich befindet sich das Museum zur Geschichte der Eisenbahn in Deutschland auch an dem Ort, wo die erste Eisenbahn fuhr (s. S. 51).

M8 [dl] **Deutsches Taubenmuseum,** Schießplatzstr. 40, Tel. 4809011, www.taubenmuseum.de, geöffnet: nach telefonischer Vereinbarung. Über weitere Öffnungszeiten informiert die Website, auf der auch ein eindrucksvoller virtueller Rundgang angeboten wird. Eintritt frei. Bis ins 16. Jh. reichen die Exponate rund um Tauben und Taubenzucht zurück: Gemälde, Drucke, Briefmarken, Porzellan, Urkunden, Medaillen und vieles mehr. Für Taubenliebhaber ist der Besuch absolut Pflicht.

50 [ek] **Dokumentationszentrum Reichsparteitagsgelände.** Diese aufwendige Ausstellung über den Aufstieg der NSDAP und die Rolle Nürnbergs als Stadt der Reichsparteitage sollte in keinem Besuchsprogramms fehlen (s. S. 61).

M9 [F1] **Friedensmuseum,** Kaulbachstr. 2, U3 „Kaulbachplatz", Tel. 3609577, www.friedensmuseum-nuernberg.de, geöffnet: Mo. 17–19, Mi. 15–17 Uhr, 1. Sa. im Monat 15–17 Uhr, Eintritt frei. Der Verein Friedensmuseum Nürnberg e. V. dokumentiert die Geschichte des Pazifismus, des Antimilitarismus und der Friedensbewegung. Den Schwerpunkt bilden dabei die Aktivitäten der Friedensbewegung in Deutschland und speziell in Nürnberg.

‹ Vorseite: Der Tiergärtnertorplatz 3 unterhalb der Burg ist an lauen Sommerabenden ein beliebter Treffpunkt

019ng Abb.: dbm

28 [F5] **Germanisches Nationalmuseum.** Die riesige Sammlung des GNM zeigt im ehemaligen Kartäuserkloster die Kunst- und Kulturgeschichte Mitteleuropas von der Frühgeschichte bis heute (s. S. 44).

M10 [dj] **Historisches Straßenbahn-Depot St. Peter,** Schlossstr. 1, Straßenbahn 6 „Peterskirche", www.sfnbg.de, Tel. 2834654, geöffnet: 1. Wochenende im Monat (außer Jan.) und alle Adventssonntage 10–17.30 Uhr, Eintritt: 6,50 €, erm. 3,50 €. Die Geschichte des öffentlichen Personennahverkehrs von der Pferdebahn zur U-Bahn wird mit Originalfahrzeugen oder als Modellanlage gezeigt und zieht das Interesse der Besucher auf sich. Und wer selbst mitfahren möchte: Die historische Burgringlinie 15 fährt zu den Öffnungszeiten mit Oldtimer-Straßenbahnen (11 €, erm. 7 €, inkl. Depot).

M11 [G3] **Hut-Museum Brömme,** Innere Laufer Gasse 31/33, Tel. 47878099, www.broemme-schneiderlein.com, geöffnet: Mo.–Fr. 10–18, Sa. 10–16 Uhr (Laden), Voranmeldung für den Museumsbesuch erbeten, Eintritt: 5 € (inkl. Führung). Zum 125-jährigen Firmenjubiläum eröffnete Horst Brömme das Hut-Museum. Im Mittelpunkt stehen nicht „alte Hüte", sondern die Hutherstellung an sich. Erläutert werden die einzelnen Arbeitsschritte, in denen sich ein Hasenfell in eine attraktive Kopfbedeckung verwandelt. Seit 2017 führt Marie-Luise Schneider das Geschäft und Museum in der fünften Generation.

M12 [ai] **Jüdisches Museum Franken,** Königstraße 89, 90762 Fürth, U1 bis Fürth „Rathaus", Tel. 9509880, www.juedisches-museum.org, geöffnet: Di.–So. 10–17 Uhr, geschl.: an Yom Kippur (12.10.2024) und am 1.1., 24./25./31.12., Eintritt: 8 €, erm. 5 €, Familienkarte 18 €. Das in Fürth gelegene Haus präsentiert das jüdische Leben in Franken vom Mittelalter bis in die Gegenwart. Aufgrund der fast 1000-jährigen jüdischen Präsenz in Fürth ist diese Sammlung die bedeutendste ihrer Art in Süddeutschland.

› **Kinder- & Jugendmuseum** (s. S. 121). Das Kindermuseum, das ein Teil des KinderKulturZentrums im Kachelbau ist,

Hier werden aus Männern wieder kleine Jungs: die Modelleisenbahn im DB Museum **38**

zeigt in zwei Dauerausstellungen die Welt der Urgroßeltern und das Ökosystem Erde mit zahlreichen Mitmachstationen.

M13 [G5] **Kunsthalle,** Lorenzer Str. 32, www.kunsthalle.nuernberg.de, Tel. 2312853, geöffnet: Di.-So. 10-18, Mi. 10-20 Uhr, Eintritt: 5 €, erm. 2,50 €. Die Kunsthalle wird von der Stadt Nürnberg betrieben und es werden hier pro Jahr vier bis fünf Ausstellungen internationaler zeitgenössischer Künstler präsentiert.

M14 [G5] **Kunsthaus,** Königstraße 93, U1/2/3 „Hauptbahnhof", Tel. 23114678, www.kunstkulturquartier.de/kunsthaus, geöffnet: Di.-So. 10-18, Mi. 10-20 Uhr, Eintritt: 5 €, erm. 2,50 €. Wechselnde Ausstellungen, vor allem von Kunstschaffenden aus der Region, prägen den Veranstaltungskalender. In den Räumen des Künstlerhauses befand sich früher das KOMM, das durch Massenverhaftungen 1981 bundesweit Schlagzeilen machte (s. S. 104).

134ng Abb.: ©lara-sh, stock.adobe.com

35 [H5] **Kunstvilla.** In der neobarocken Sandsteinvilla wird regionale Kunst aus dem 20. und 21. Jahrhundert ausgestellt (s. S. 50).

M15 [el] **Laubenmuseum,** Kleingartenanlage Karwendelstr. 30, U1 „Scharfreiterring", Tel. 591150, kleingaertner-nuernberg.de, geöffnet: Mai-Okt. jeden 2. So. 14-17 Uhr oder nach Vereinbarung. Nürnberger Gartenlauben aus den 1920er-Jahren wurden liebevoll renoviert und hier wiedererrichtet. Der Stadtverband der Kleingärtner e. V. zeigt, wie romantisch und ideenreich die unterschiedlichen Gartenlauben am Beginn des Kleingärtnerwesens gestaltet wurden.

11 [F3] **Lochgefängnisse.** Im Rathaus bieten die Lochgefängnisse Einblick in die mittelalterliche Rechtssprechung (s. S. 29).

42 [A3] **Memorium Nürnberger Prozesse.** Am Originalschauplatz der Kriegsverbrecherprozesse werden die Vorgeschichte, der Verlauf und die Folgen thematisiert (s. S. 53).

22 [G5] **Museum 22 | 20 | 18 Kühnertsgasse.** Die drei restaurierten Handwerkerhäuser spiegeln die Lebensbedingungen der einfachen Bevölkerung in der vorindustriellen Zeit wider (s. S. 40).

39 [F6] **Museum für Kommunikation.** Hier dreht sich alles um die Verbreitung und Weitergabe von Nachrichten (s. S. 52).

47 [di] **Museum Industriekultur.** Technikgeschichte der Industriestadt Nürnberg und der Kultur- und Alltagsgeschichte der arbeitenden Bevölkerung in einem ehemaligen Eisenwerk (s. S. 57).

15 [H2] **Museum Tucherschloss.** Das Museum Tucherschloss informiert über die bedeutende Patrizierfamilie Tucher und ihr Leben während der Renaissancezeit. Zu sehen sind wertvolle Möbel, Tapisserien und Werke namhafter Künstler (s. S. 34).

19 [H4] **Naturhistorisches Museum.** Über 200 Jahre lang hat die Naturhistorische Gesellschaft Nürnberg gesammelt und präsentiert in der Norishalle ganz unterschiedliche Ausstellungen (s. S. 39).

27 [G5] **Neues Museum.** Der offizielle Name lautet „Neues Museum – Staatliches Museum für Kunst und Design in Nürnberg" und damit ist eigentlich alles gesagt. Hinzugefügt werden könnte höchstens noch, dass die Architektur der absolute Knaller ist (s. S. 43).

M16 [J2] **Rot-Kreuz-Museum,** Sulzbacher Str. 42, U2/3 „Rathenauplatz", Tel. 5301141, www.rotkreuz-museum-nuernberg.de, geöffnet: März–Dez. Mi. 14–18, 2. und 3. Sa. im Monat 10–14 Uhr und nach Vereinbarung, Eintritt: 2 €, erm. 1 €. Gerhard Gebuhr legte den Grundstein für die deutschlandweit größte Sammlung zur Tätigkeit des Roten Kreuzes seit seiner Gründung 1863. Zur Ausstellungsfläche gehört auch eine Halle mit historischen Krankenwagen.

8 [F3] **Spielzeugmuseum.** Die Welt der Spielwaren mit Exponaten aus mehreren Jahrhunderten wartet in der Stadt der Spielwarenmesse auf Groß und Klein (s. S. 27).

5 [F3] **Stadtmuseum Fembohaus.** In einem ehemaligen Patrizierhaus wird die Geschichte der Freien Reichsstadt ausgebreitet (s. S. 24).

Die freitragende Wendeltreppe im Neuen Museum 27 ist ein echter Hingucker

34 [E4] **Turm der Sinne.** In diesem alten Stadtmauerturm werden die Sinne auf die Probe gestellt und so mancher erlebt Überraschungen (s. S. 49).

M17 [H4] **Uhrenmuseum Karl Gebhardt,** Gewerbemuseumsplatz 2, Straßenbahn 8 „Marientor", www.uhrensammlung karlgebhardt.de, geöffnet: tgl. 8–20 Uhr, Eintritt frei. Die Sammlung des Namensgebers Karl Gebhardt im imposanten Neobarockgebäude klärt über Uhrentechnik, aber auch über die Entwicklung tragbarer Uhren von Peter Henlein bis zur heutigen Funkuhr auf.

9 [F3] **Zukunftsmuseum.** Die 2021 eröffnete Außenstelle des Deutschen Museums München beschäftigt sich mit Entwicklungen, Visionen und Utopien, also damit, wie unsere Zukunft aussehen könnte (s. S. 28).

Kunstgalerien

Beim Schlendern durch die Straßen und Gassen der Altstadt und angrenzender Stadtteile stößt man ganz automatisch auf Kunstgalerien. Hier einige Tipps:

G18 [ej] **Akademie der Bildenden Künste,** Bingstr. 60, www.adbk-nuernberg.de. „Die Akademie" organisiert Ausstellungen mit den Werken der Studierenden.

G19 [G5] **Artothek,** Königstr. 93 (im K4), www.artothek-online.de. Über 800 Originale regional und international bekannter Künstler können hier zu günstigen Konditionen ausgeliehen(!) werden.

G20 [D3] **Bernsteinzimmer,** Großweidenmühlstr. 11. Minimalistisch ausgestattete Räume mit Mut zur Präsentation von Künstlern abseits des Mainstream, www.galerie-bernsteinzimmer.de.

G21 [F4] **Galerie Frank Flügel,** Obere Wörthstr. 12, www.frankfluegel.com. Hippe Galerie mit dem Fokus auf Pop-Art, zeitgenössischer Malerei und Fotografie.

G22 [I1] **Galeriehaus Nord,** Wurzelbauerstr. 29, www.galeriehaus-nuernberg-nord.de. Wechselnde Ausstellungen junger Künstler.

G23 [G5] **Kunstbunker – Forum für zeitgenössische Kunst e. V.,** Bauhof 9, www.kunstbunker-nuernberg.org. Moderne Kunst in allen Facetten, präsentiert in ehemaligen Luftschutzkellern und ABC-Schutzräumen.

G24 [F3] **rfzk – Raum für zeitgenössische Kunst,** Bergstr. 11, www.rfzk-feller.de. Laurentiu Feller ist seit rund 20 Jahren in der Nürnberger Kunstszene unterwegs und präsentiert experimentelle urbane Kunst mit Überraschungsfaktor.

G25 [F4] **Voigt,** Obere Wörthstr. 8, www.galerievoigt.de. Schmuck namhafter Designer und wechselnde Ausstellungen zeitgenössischer Künstler.

G26 [F4] **Zeitgeist,** Trödelmarkt 1, www.galerie-zeitgeist.com. Bilder zeitgenössischer Künstler in Öl und Acryl.

Kunst unter freiem Himmel

Zwar keine Originale (die befinden sich zum Schutz im „Germanischen“ 28), aber gut gemachte Replikate von Werken des Bildhauers **Adam Kraft** gehören zum Nürnberger Stadtbild. An erster Stelle ist der berühmte **Kreuzweg** 43 vom Tiergärtnertorplatz 3 über die Burgschmietstraße [D/E2] zum Johannisfriedhof 44 zu nennen. Eine Originalskulptur wurde übrigens übersehen: die **Madonnenfigur mit Kind** an der Fassade des **Hotel Deutscher Kaiser** (s. S. 128).

Wechselnde Installationen werden auf dem Klarissenplatz vor dem **Neuen Museum** 27 präsentiert. Von hier aus führt ein unscheinbares Tor in einen Zwinger an der Stadtmauer. In der stillen **Grünanlage** lauern einige Skulpturen zeitgenössischer Künstler auf harmlose Touristen.

Nürnberg für Genießer

Die fränkische Küche ist vermutlich die am meisten unterschätzte Regionalküche Deutschlands. Der Genuss der lokalen Köstlichkeiten fester und flüssiger Art werden, so lautet ein Gerücht, erkauft mit dem Verlust von etwa drei Jahren Lebenserwartung.

Um es gleich vorweg zu nehmen: Ernährungsberater werden der traditionellen **fränkischen Küche** vermutlich mit Skepsis begegnen und Vegetarier beim Besuch eines Wirtshauses, womöglich am Schlachttag, sogar in Ohnmacht fallen, aber selbstverständlich beschränkt sich die Nürnberger Genusslandschaft nicht nur auf die, zugegebenermaßen leckere, jedoch fleischlastige Küche. Wie es sich für eine Halbmillionenstadt gehört, wird praktisch das komplette **internationale gastronomische Angebot** abgedeckt. Jeder kann etwas Passendes für seinen Geschmack finden, denn auch der gestandene Franke geht selbst gerne auf kulinarische Weltreise. Das **Preisniveau** ist in Bezug auf die Region zwar hoch, gesamtdeutsch betrachtet aber eher durchschnittlich.

Am Wochenende fährt der Nürnberger gern „naus affs Land“, in die Fränkische Schweiz, den Aischgrund oder das Seenland. Jeder hat seinen Geheimtipp, wo es das knusprigste **Schäufele**, die günstigsten **Karpfen** oder den saftigsten **Schweinebraten** gibt. Für 20 Cent weniger werden klaglos 15 Kilometer mehr gefahren, denn man schaut ja auch aufs Geld.

Auf jeden Fall spielt **Essen und Trinken** im fränkischen Selbstverständnis eine herausgehobene Rolle. Man ist stolz auf seine typischen Gerichte, auf Bier und Wein aus der Region – und das mit Recht.

Mein Tipp

Kochbuch Sadd & Dsufriedn

„Sadd & Dsufriedn – Das Neue Nürnberger Kochbuch", so lautet der Titel des Buches von Margarete Allmächd und Andreas Brenzlich, die ihre wahren Namen nicht preisgeben möchten. Auf humorvolle Weise erklären die beiden die Besonderheiten der fränkischen Küche und laden mit zahlreichen Rezepten zum Nachkochen ein (Verlag: Kobergers Kompany, Neuauflage von 2016).

Wurstwaren

Ganz klar, die **Rostbratwurst** steht natürlich landauf, landab an erster Stelle, wenn die Rede von Nürnberg und Essen ist. Inzwischen ist diese Bezeichnung gesetzlich geschützt, d. h., nur wenn sie innerhalb der Stadtgrenzen hergestellt ist, darf die Wurst das Qualitätssiegel „Nürnberger Rostbratwurst" tragen.

Und das ist sie: 7 bis 9 cm lang, maximal 25 g schwer und bestehend aus grob gemahlenem **Schweinefleisch** in einem **Schafsdarm.** Durch einen Ratsbeschluss wurden 1497 amtlich Größe, Füllung und Preis der Nürnberger Bratwurst festgelegt. Die Würzmischung ist natürlich geheim, lediglich die Verwendung von Majoran ist gesichert.

Üblicherweise wird die Bratwurst auf dem **Grillrost** zubereitet, im Optimalfall mit Buchenholz befeuert, und entweder als Fast-Food-Variante **„Drei im Weggla"**, also drei Nürnberger Bratwürste in einem Brötchen auf die Hand, oder im Bratwurstrestaurant auf Zinnteller **mit Sauerkraut** und **Brot** oder **Kartoffelsalat** serviert, dazu etwas geriebenen **Meerrettich** (traditionell) oder scharfen **Senf.**

Im Essig-Zwiebel-Sud gekocht werden die Bratwürste zu **„Sauren Zipfeln".** Das dazu gereichte Brot darf zum Aufsaugen der Brühe verwendet werden. Eine weitere beliebte Möglichkeit ist der Verzehr als **„Naggerde".** Dabei wird das Bratwurstgehäck roh aus dem Schafsdarm direkt aufs Bauernbrot gepresst und verstrichen und u. U. noch etwas mit fein geschnittenen Zwiebeln ergänzt. Der weltgewandte Nürnberger hat sogar ein eigenes Rezept für **Ravioli mit Bratwurstfüllung** entwickelt, nachzulesen im „Nürnbergischen Kochbuch" von 1691.

Und dann gibt es auch noch die **Fränkische Bratwurst.** Was den Inhalt anbelangt, ist sie mehr oder weniger

015ng Abb.: bs

Das fränkischste aller Gerichte: Schäufele mit Kloß, vom Autor selbst gebraten, dazu ein naturtrübes Bier

MEIN TIPP

Bratwürste für zu Hause

Vorgebrühte und luftdicht verpackte Ware aus dem Supermarkt ist nur eine Notlösung. Nürnberger oder Fränkische Bratwürste müssen **direkt vom Metzger roh auf den Rost oder in die Pfanne.** Das erschwert es, diese Leckerbissen bei längeren Fahrten oder Flügen mit nach Hause zu nehmen. Besucher mit dem Auto haben immerhin die Möglichkeit, eine Kühlbox mitzubringen. Eine Alternative sind **Bratwürste aus der Dose,** die man bei Nürnberger Metzgern und in den Bratwurstgaststätten erhält.

identisch mit der Rostbratwurst, vielleicht noch etwas grober. Die Wurst ist jedoch 12 bis 20 cm lang und, da sie in den Schweinedarm gefüllt wird, auch dicker. Die Zubereitungsmethoden sind identisch mit der Rostbratwurst. Zusätzlich werden Fränkische Bratwürste auch noch schwarz geräuchert angeboten, die sogenannten **„Schlot-Engerla“** (himmlische Wesen aus dem Schornstein).

Von der **Stadtwurst** („Schdaddwoschd“) „gibt es so viele Variationen wie es Metzger gibt“, schreiben Allmächd & Brenzlich im Neuen Nürnberger Kochbuch. Gemeinsam ist allen Stadtwürsten, dass sie aus einem gemahlenen Brät aus **Schweine- und (wenig) Rindfleisch, Speck** und **geheimen Gewürzmischungen** bestehen, welches in einen Schweinedarm gefüllt wird. Sie sind 40 bis 60 cm lang und 4 bis 5 cm dick und werden zum Ring gebunden. Die **„Einfache“** besteht aus einer fein gemahlenen Füllung und ist am ehesten mit einer Lyoner oder einer Fleischwurst zu vergleichen. Vollkommen unvergleichlich sind die **„Weiße“** und die rötliche **„Hausmacher Stadtwurst“**, die es auch noch geräuchert gibt. Die legendäre „Hausmacher“ besteht ausschließlich aus Schweinefleisch und sie wird kalt mit Brot oder im Wasserbad erwärmt mit Sauerkraut oder Kartoffelbrei gegessen. Eine regionale Spezialität ist die **„Stadtwurst mit Musik“.** Dabei werden Scheiben der Wurst in Essig und Öl mariniert und fein gehackte Zwiebeln und weißer Pfeffer dazugegeben. Unbedingt probieren!

Der **Presssack** macht die Reihe der fränkischen Wurstspezialitäten komplett. In den **Schweinemagen** werden allerhand Zutaten gefüllt, zum Beispiel Schwartenteile, Stückchen vom Schweinskopf, von der Zunge und einiges mehr. Der **„Rote Presssack“** enthält Blut, daher die dunkle Färbung ähnlich einer Blutwurst, der **„Weiße Presssack“** eine Brühe, die beim Erkalten geliert. Ganz klar, das ist nur für Freunde deftigen Essens empfehlenswert. Presssack isst man mit Brot oder „mit Musik“, gerne auch mit beidem.

Braten

Auf keinen Fall entgehen lassen sollte man sich das **Schäufele**, auch Schäuferla genannt, denn es ist das „Fränkischste“ aller Gerichte. Das Schulterblatt des Schweins wird in zwei Teile geteilt und mit dem Knochen gebraten. Die Schwarte muss dabei fest und knusprig werden und das Fleisch darunter butterweich und zart. Dazu gibt es ein bis zwei **Kartoffelklöße** und eine fein gewürzte **Bratensoße.** Weitere typische Gerichte sind gebratene **Knöchla** (Unterschenkel des Schweins), der „normale“ **Schweinebraten** aus dem Schweinenacken oder aus der Schulter oder der **Fränkische Sauerbraten** mit Lebkuchensoße, ausnahmsweise aus Rindfleisch.

KURZ&KNAPP

Vereinsmeier

Zur „Pflege und Verbreitung des Fränkischen Schäufele“ wurde am 1. April 2000 der Verein „Freunde des Fränkischen Schäufele“ gegründet. Auf seiner Website präsentiert der Verein Informationen und Rezeptvorschläge rund um die „Fränkische Königsmahlzeit“. Er betreibt sogar ein Wirtshaus in der Südstadt, die „Schäufelewärtschaft“ (s. S. 78) und gibt den „Schäufeleführer“ heraus.

› www.schaeufele.de

... und dazu

Als **Beilage** zu Gerichten mit Soße gehören auf jeden Fall **Kartoffelklöße** bzw. **„Gniedla“** (Knödel) – anderes ist vollkommen undenkbar. Rohe Kartoffeln werden fein gerieben und möglichst viel Wasser ausgepresst. Sie können mit der zerdrückten Masse gekochter Kartoffeln gemischt werden. Aus dem Teig formt man Kugeln, die ins kochende Wasser gelegt werden und dann gar ziehen. Wichtig sind die **„Bröggerla“** genannten Weißbrotwürfel, u. U. sogar in Butter angeröstet, in der Mitte der Klöße.

Der Kloßteig eignet sich auch zur Zubereitung von **„Baggers“**. Die gibt es auch außerhalb Frankens, wo sie unter der Bezeichnung Kartoffelpuffer oder Reibekuchen bekannt sind.

Saisonales

Ohne seine Saisongerichte wäre Frankens Küche ein ganzes Stück ärmer. Im Frühjahr, wenn sich die ersten warmen Sonnenstrahlen zeigen, ist die **Spargelzeit** nicht mehr fern. Die Bauern aus dem nahen Knoblauchsland schaffen das morgens gestochene „weiße Gold“ zu ihren Ständen auf dem Hauptmarkt und mittags kann die Ware schon warm auf dem Tisch stehen. Spargel („Schbarchers“) wird gekocht, mit etwas zerlassener Butter übergossen und mit Schnittlauch bestreut. Dazu kann man Salzkartoffeln, Rühr- oder Spiegelei, Schinken, Fränkische Bratwürste, Kassler u. a. essen. Spargelsalat ist eine weitere Variante, jedoch mehr zu Hause als in der Gaststätte. Das Ende der Spargelzeit ist der Johannistag (24.6.), danach darf kein Spargel mehr gestochen werden, da sich die Pflanze bis zum nächsten Jahr regenerieren muss.

In den R-Monaten ist **Karpfenzeit.** Die Karpfen aus dem Aischgrund gelten als die besten, doch auch in anderen fränkischen Teichen spielt die Karpfenzucht eine große Rolle. Die Fische werden der Länge nach halbiert, in Mehl gewendet und in der Fritteuse gebacken. Bei der Panade sind Variationen möglich, z. B. mit Ei und Semmelbröseln oder Bierteig. Der Verzehr ist nicht einfach. Beim ersten Mal ist es sinnvoll, sich fachkundigen Rat einzuholen. Besonders im Rückenbereich erschweren zahlreiche dünne Gräten den Genuss. Als Beilage gibt es einen Salatteller mit Kartoffel- und Krautsalat sowie weitere Salate der Saison. Karpfen werden auch „blau“ zubereitet. Dabei werden die Fische in einem saueren Sud gekocht, wobei die Schleimhaut eine blaue Färbung annimmt.

Bier

Bier wird in Franken als **Kulturgut** ersten Ranges gesehen. Die Region nördlich und nordöstlich von Nürnberg weist die **weltweit höchste Brauereidichte** auf.

Mein Tipp

Landbier in der Stadt

Gaststätten mit einer großen Auswahl an fränkischen Landbieren sind zum Beispiel das **Bieramt** (s. S. 82) und die Gaststätten des **Landbierparadieses.** Im Geschäft Landbierparadies (s. S. 90) hat man außerdem die größtmögliche Auswahl, man kann sich beraten lassen und sich den Kasten nach Gusto zusammenstellen.

- 27 [dj] **Landbierparadies (1) (Gaststätte),** Wodanstr. 15, Straßenbahn 7 „Wodanstraße", Tel. 468882, geöffnet: Mo.-Do. 17.30-24, Fr. 14-1, Sa. 12-1, So., Fei. 11-24 Uhr
- 28 [dk] **Landbierparadies (2) (Gaststätte mit Biergarten),** Sterzinger Str. 4-6, Bus 51/56 „Tiroler Straße", Tel. 4334722, geöffnet: Mo.-Sa. 17-24, So. 11-24 Uhr
- 29 [di] **Landbierparadies (3) (Gaststätte mit Biergarten),** Leipziger Str. 32, U2 „Nordostbahnhof", Tel. 95699606, geöffnet: Mo.-Sa. 17-24, So. 11-24 Uhr

Mein Tipp

Literaturtipp: Frankens Brauereien

Bastian Böttner & Martin Rapach: **Brauereien und Brauereigasthöfe in Franken,** Verlag Nürnberger Presse, 2017. Die gesamte Vielfalt rund um Bier und Brauen in Franken haben die Autoren in ein Kilogramm Papier gepackt.

Legendär ist die Gemeinde Aufseß in der Fränkischen Schweiz, auf deren ca. 1400 Einwohner immerhin vier Brauereien kommen. Selbstverständlich handelt es sich aber nur um Kleinbrauereien, die oft lediglich für die eigene Gaststätte und die Bevölkerung im Umkreis produzieren. Der Ausstoß ist nicht zu vergleichen mit den Bierfabriken in der Landeshauptstadt, der Eifel oder dem Sauerland, die Qualität der Erzeugnisse allerdings auch nicht.

In Franken ist man davon überzeugt, dass man für ein „g'scheids" Bier keine Fernsehwerbung machen muss. Die **Vielfalt an Sorten, Farben und Geschmäckern** ist enorm und übersteigt den Rahmen dieses Kapitels. Hier ist auf jeden Fall Probieren, Probieren und nochmals Probieren angesagt.

Getrunken wird Bier meist aus Halblitergläsern, dem **„Seidla".** Anstatt eines kleinen Biers bestellt man einen **„Schnitt"** und erhält dann ein halbvolles „Seidla".

Wein

Ober- und Mittelfranken stehen klar im Zeichen des Bieres, doch in **Unterfranken,** besonders in den Tälern von Main und Tauber, dominiert der Weinanbau. Klassische Rebsorten sind **Silvaner** und **Müller-Thurgau,** bei den wenigen Rotweinen der **Dornfelder.** Frankenweine sind meist trocken oder halbtrocken. Gerne werden sie in Bocksbeutelflaschen abgefüllt.

Lebkuchen

Nürnberger Lebkuchen sind neben den Rostbratwürsten die zweite **kulinarische Berühmtheit,** die eine **geschützte geografische Herkunftsangabe** trägt. Schon im August riecht es in Langwasser oder Thon nach Weihnachten, wenn die Produktion beginnt. In Nürnberg kann das Weihnachtsgebäck jedoch das ganze Jahr über gekauft werden. Besonders die bunt lackierten Blechdosen werden von Besuchern gerne mitgenommen.

017ng Abb.: bs

Eine besondere Spezialität ist der **Elisenlebkuchen**, der nur maximal 10 % Mehl enthalten darf. Es ist wohl kein Zufall, dass die Lebkuchen im 15. Jh. hier erfunden wurden. Die Nürnberger Fernhändler, kurz „Pfeffersäcke" genannt, brachten reichlich orientalische Gewürze in die Stadt. Zu den typischen **Lebkuchengewürzen** gehören Anis, Ingwer, Kardamom, Koriander, Muskatblüte, Nelken, Piment und Zimt. Hauptbestandteile der Nürnberger Lebkuchen sind verschiedene Nusssorten und Honig.

Hervorhebenswerte Lokale

Bratwürste

30 [G5] **Bratwurstglöcklein** €, Handwerkerhof 11, Tel. 227625, http://die-nuernberger-bratwurst.de, geöffnet: Mo.–Sa. 11–22, So. 11–17 Uhr, während der Öffnungzeit des Handwerkerhofs 26. Der Name nimmt Bezug auf ein kriegszerstörtes, historisches Wirtshaus vom Sebalder Platz. Neben Bratwürsten gibt es auch Schäufele und kalte Brotzeiten mit Stadtwurst, Pressack oder Käse.

31 [F3] **Bratwursthäusle** €, Rathausplatz 1, Tel. 227695, http://bratwursthaeusle nuernberg.de, geöffnet: Mo.–Sa. 11–22, So. 11–20 Uhr. Bratwürste frisch über Buchenholz gegrillt oder „sauer" schmecken sowohl im urigen Inneren als auch auf einer der beiden Terrassen. Es gibt sie auch eingedost oder vakuumverpackt zum Mitnehmen.

32 [E5] **Bratwurstküche Zum Gulden Stern** €, Zirkelschmiedsgasse 26, Tel. 2059288, www.bratwurstkueche.de, geöffnet: tgl. 11–22 Uhr. 1419 erstmals urkundlich erwähnt, bezeichnet sich das Haus als älteste Bratwurstküche der Welt. Ehrensache, dass die Bratwürste frisch über Buchenholz gegrillt werden. Das Sauerkraut kommt aus dem Aischgrund und das Gemüse aus dem Knoblauchsland.

Im Bratwursthäusle (s. o.) schmecken die Nürnberger besonders gut

122ng Abb.: ©ilolab, stock.adobe.com

Speziell fränkisch

33 [F3] **Albrecht-Dürer-Stube** €€, Albrecht-Dürer-Str. 6, Tel. 227209, www.albrecht-duerer-stube.de, geöffnet: Mo.-Sa. 17.30-24, Fr. auch 11.30-15 Uhr, während des Christkindlesmarktes zusätzlich Sa., So. 11.30-15 Uhr. Im liebevoll eingerichteten Fachwerkhaus kocht die Wirtsfamilie bereits in der dritten Generation ausgezeichnete fränkische Küche mit saisonalen Spezialitäten.

34 [G3] **Bratwurst Röslein** €€, Rathausplatz 6, Tel. 214860, www.bratwurst-roeslein.de, geöffnet: tgl. 11-23 Uhr. Fränkische Küche in zentraler Lage und mit gutem Preis-Leistungs-Verhältnis. Anders als der Name vermuten lässt, dreht sich nicht alles um die Bratwurst, die aber auch angeboten wird.

35 [ej] **Brezen Kolb** €, Ostendstr. 138, Tel. 5444250, www.brezen-kolb.de, geöffnet: Mo.-Fr. 5.30-19, Sa. 7-18, So. 7.30-17 Uhr, Brezen-Drive-in Mo.-Fr. ab 2, Sa. ab 4, So. ab 5.30 Uhr. Die Laugenbrezen vom Kolb gibt es seit 1957 an diversen Kiosken und sie genießt Kultstatus in der Region. Seit einigen Jahren ist das moderne Backhaus in Mögeldorf in Betrieb, wo nicht nur täglich 60.000 Brezen gebacken werden, sondern auch Frühstück und Mittagstisch rund um die Breze angeboten wird. Der Clou ist aber der Brezen-Drive-in für Radler und Autofahrer.

36 [F3] **Goldenes Posthorn** €€, Sebalder Platz, Glöckleinsgasse 2, Tel. 225153, https://goldenes-posthorn.de, geöffnet: Di.-So. 11-23 Uhr. In Deutschlands ältester Weinstube (1498) verkehrten bereits Albrecht Dürer, Hans Sachs oder Richard Wagner. Viel Holz sorgt für ein gemütliches Ambiente.

37 [I7] **Schäufelewärtschaft** €€, Schweiggerstr. 19, Straßenbahn 6/7/8 „Schweiggerstraße", Tel. 4597325, www.schaeufele.de, geöffnet: Mo.-Sa. 17-22, Sa. auch 12-14, So. 11-22 Uhr. Spezialität des Hauses ist, wer hätte es erraten, das ofenfrische Schäufele. Betrieben wird die „Wärtschaft" von den absoluten Experten, den „Freunden des Fränkischen Schäufele" (s. S. 75).

38 [G5] **Tucher Mautkeller** €€, Hallplatz 2, www.tucher-mautkeller.de, Tel. 24464433, geöffnet: Mo.-Mi. 16-23, Do.-Sa. 12-23 Uhr. Großgastronomie mit Hausbrauerei in der historischen Mauthalle. Gekocht wird v. a. fränkisch-deftig.

39 [F3] **Zum Spießgesellen** €€€, Rathausplatz 4, www.spiessgeselle.de, Tel. 23555525, geöffnet: Di. 17.30-23, Mi.-So. 11.30-23 Uhr. Direkt unter

Restaurantkategorien

Annäherungswert für ein Hauptgericht mit Getränk:

€	unter 12 €
€€	12 bis 18 €
€€€	18 bis 25 €
€€€€	über 25 €

Das Bratwurstglöcklein (s. S. 77) liegt gleich hinterm Königstor

dem historischen Rathaussaal gelegen gibt es, wie zu erwarten, verschiedene Spieße, daneben fränkische und internationale Küche. Samstagabends Erlebnismenüs und Stadtführung zu verschiedenen Themen (Termine im Internet, reservieren!).

Brauereien

40 [F3] **Bräustüberl Schwarzer Bauer** €€, Bergstr. 19–21, Tel. 227217, www.hausbrauerei-altstadthof.de, geöffnet: Mo.–Fr. 12–23, Sa., So. 11–23 Uhr. Im Bräustüberl der Hausbrauerei Altstadthof gibt es traditionelle fränkische Gerichte mit Zutaten aus der Region, als Highlights natürlich selbstgebrautes Bier und Deutschlands ersten „Organic Single Malt Whisky" aus der Hausbrennerei.

41 [A5] **Schanzenbräu Schankwirtschaft** €, Adam-Klein-Str. 27, Tel. 93776790, www.schanzenbraeu.de, geöffnet: Di.–Fr. 15–23, Sa., So. 11–23 Uhr. Viel Patina, total unstylisch und absolut cool. Hierher kommt, wer ehrliches, handwerklich gebrautes Bier und traditionelle Wirtshauskultur liebt. Wechselnde Tagesgerichte und Brotzeiten, Hinterhofbiergarten.

Internationale Restaurants

42 [G3] **A Tavola** €€, Theresienplatz 7, Tel. 337687, geöffnet: Mo.–Sa. 11–22 Uhr. Besonders mittags ein beliebter Treff für Freunde der authentischen, hochwertigen italienischen Küche. Ausgezeichnetes Weinangebot.

43 [B5] **Der Express** €€, Kernstr. 5, U1 „Gostenhof", Tel. 2875565, www.der-express-nuernberg.de, geöffnet: Mi.–Sa. 17–22 Uhr. Arabische Genüsse in einem Gastraum, der gestaltet ist wie die Waggons des Orient Express. Im Sommer ist der kleine Garten geöffnet.

44 [F5] **Estragon**, Jakobstr. 19, Tel. 2418030, www.estragon-nuernberg.de, geöffnet: Di.–Fr. 11.30–22, Sa. 17–22 Uhr. Essen auf hohem Niveau zu angemessenen Preisen, unterstützt durch die AIDS-Hilfe im gleichen Haus. Im Team arbeiten viele Menschen mit Behinderung.

45 [F5] **Fujiyama** €€, Dr.-Kurt-Schumacher-Str. 1, Tel. 24035072, https://fujiyama-nuernberg.de, geöffnet: tgl. 17–22, Do.–So. auch 11.30–15 Uhr. Das Restaurant mit seinem Holzlamelleninterieur in fließenden Formen wirkt futuristisch und bietet ostasiatische Küche mit Schwerpunkt Japan.

46 [G3] **Globo** €€€, Theresienplatz 1, Tel. 25355515, www.globorestaurant.de, geöffnet: Di.–Fr. 17.30–22 Uhr. Auf den Tisch kommen regionale und saisonale Produkte, international und in überraschenden Kombinationen zubereitet.

47 [F3] **Kuhmuhne BurgerBar** €€€, Weintraubengasse 2, Tel. 66489798, https://kuhmuhne-nuernberg.de, geöffnet: Mi.–Sa. 12–22, So. 12–21, tgl. ab 17 Uhr Barbetrieb. Fleisch, Brot und Gemüse kommen täglich frisch aus der Region. Entsprechend schmackhaft sind die Burger. Außerdem lässt sich der Koch über die Schulter schauen.

48 [E5] **Mariposa** €€€, Mostgasse 6, Tel. 27429710, www.mariposa-vegan.de, geöffnet: Mo.–Do. 19–22 Uhr. Leichtigkeit und Natürlichkeit ist das Rezept von Maria Kasper, die sich komplett der veganen Küche verschrieben hat.

49 [G5] **Ni Hao** €€, Vordere Sterngasse 18, Tel. 2388683, geöffnet: Mo.–Do. 11–21, Fr., Sa. 11–23, So. 12–21 Uhr. Wer authentisches chinesisches Essen mag und mit dem Charme eines einfa-

Gastro- und Nightlife-Areale

Bläulich hervorgehobene Bereiche in den Karten kennzeichnen Gebiete mit einem dichten Angebot an Restaurants, Bars, Clubs, Discos etc.

chen Garküchen-Restaurants zurecht kommt, der ist hier genau richtig.

50 [G4] **O'Sheas Irish Pub** €€, Wespennest 6–8, Tel. 232895, www.osheas.de, geöffnet: Mo.–Do. 16–1, Fr., Sa. 14–2, So. 14–1 Uhr. Das Gewölbe unter dem Katharinenkloster bildet die Kulisse für irisch-britische Köstlichkeiten wie Burger, Fish and Chips, Guinness und Cider.

51 [B5] **Palmengarten** €, Untere Kanalstr. 4, https://palmengarten-gostenhof.de, Tel. 3777490, geöffnet: tgl. 17–24 Uhr. Fränkische Küche und Landbiere in rustikaler Atmosphäre und mit Biergarten.

52 [F3] **Prison St. Michel** €€, Irrerstr. 2–4, Sebalder Altstadt, Tel. 221191, www.prison-st-michel.de, geöffnet: Di.–Do. 18–23, Fr., Sa. 18–24 Uhr. Ein idealer Platz für einen romantischen Abend zu zweit. Französische Gerichte von der Bouillabaisse über Schnecken bis zum Châteaubriand. Besonders zu empfehlen: Galettes und Crêpes.

53 [H4] **Restauration Kopernikus** €€, Hintere Insel Schütt 34 (im Krakauer Turm), Tel. 2427740, www.restauration-kopernikus.de, Sommer: Mo. 16–23, Di.–Sa. 12–23 Uhr, Winter: Mo.–Fr. 17–23, Sa. 12–23 Uhr. Polnische Piroggen und fränkische Bratwurst finden im Krakauer Turm zueinander. Im Sommer lockt der Biergarten auf der Stadtmauer.

54 [D5] **Sumach** €€€, Spittlertorgraben 13, Tel. 81010510, www.sumachrestaurant.de, geöffnet: Mo.–Fr. 16–22.30, Sa. 14–22.30, So. 12–22.30 Uhr. Stilvolles, weitläufiges Restaurant mit hervorragender türkischer Küche. Viele Speisen werden mit dem bei uns nahezu unbekannten Gewürz Sumach zubereitet.

55 [C5] **Veganel** €€, Fürther Str. 43, Tel. 47897803, www.veganel.de, geöffnet: Mi.–So. 17–22 Uhr. Es kommen ausschließlich frische pflanzliche Produkte in Bioqualität in den Kochtopf, die mithilfe von Ökostrom zubereitet werden.

56 [G5] **Wacht am Rhein** €€, Klaragasse 22, Tel. 226475, www.die-wacht.de, geöffnet: Mi.–Sa. ab 23.59, warme Küche bis 6 Uhr. Schweinebraten nach Mitternacht? In der „Wacht" kein Problem. Hier treffen sich die Nachtschwärmer. Kult!

57 [G4] **Zeit & Raum** €€, Wespennest 2, Tel. 227406, www.zeiti.net, geöffnet: Di.–Fr. ab 17, Sa. ab 9.30, So. 9.30–16 Uhr. Trendiges, gemütliches Café-Restaurant mit französisch angehauchter Speisekarte und einem Herz für Vegetarier. Tipp: Brunch!

Gourmetküche

58 [F3] **Essigbrätlein** €€€€, Weinmarkt 3, Tel. 225131, www.essigbraetlein.de, geöffnet: Mi.–Sa. 12–15 u. 19–24 Uhr (nur mit Reservierung). Es gab zwei Michelin-Sterne für die „Gewürzküche" von Andree Köthe und Ives Ollech – ein kulinarisches Abenteuer.

59 [bk] **Rottner** €€€€, Winterstr. 15, Bus 69 „Großreuth b. Schweinau", Tel. 612032, www.rottner-hotel.de, geöffnet: Di.–Sa. 18–24 Uhr. Die regionale Saisonküche von Stefan Rottner bringt immer wieder Erstaunliches zutage. Das stilvoll eingerichtete Fachwerkhaus bildet dabei einen angemessenen Rahmen. Im Sommer sitzt man im Nussbaumgarten.

60 [E1] **Würzhaus** €€€, Kirchenweg 3a, Tel. 9373455, www.wuerzhaus.info, geöffnet: Di.–Fr. 11.30–14, Sa. 18–22 Uhr. Dass fränkisch und modern zusammenpasst, beweist Küchenchefin Diana Burkel. Mittags preiswerte regionale fränkische Küche, abends exquisite Menüs mit Weinbegleitung.

Biergärten

61 [ek] **Gutmann am Dutzendteich** €€, Bayernstr. 150, Straßenbahn 6 „Dutzendteich", Tel. 988187710, www.gutmann-am-dutzendteich.de, geöffnet: tgl. 10–22 Uhr. Außen Terrasse und schattiger Biergarten, innen mehrere Gasträume. Fränkische Küche und dazu das hervorragende Gutmann Weizen aus Titting. Gut, Mann!

62 [F2] **Hexenhäusle** €€, Vestnertorgraben 4, https://hexenhaeusle-nuernberg.com, Tel. 49029095, geöffnet: Di.–Sa. 11–22, So., Fei. bis 21 Uhr. Direkt am nördlichen Zugang zur Burg können Besucher bei fränkisch-deftiger Küche den Blick auf die Wehranlagen genießen.

› **Schanzenbräu** (s. S. 79), stimmungsvoller Hinterhofbiergarten in Gostenhof

63 [dh] **Tucherhof** €€, Marienbergstr. 110, Bus 22 „Tucherhof", Tel. 5209777, www.tucherhof.de, geöffnet: Di.–So. 12–23 Uhr. Traditionsreicher Biergarten in der Nordstadt mit fränkischer Küche und Tucher-Bier. Vom Wappen der Patrizierfamilie Tucher stammt noch der Mohr im Logo der Brauerei.

Cafés, Imbisse und Kneipen

64 [D4] **Balazzo Brozzi** €€, Hochstr. 2, Straßenbahn 4/6 „Obere Turnstraße", Tel. 288482, www.balazzo-brozzi.de, geöffnet: Mo.–Sa. 9–23, So. 9–21 Uhr, geschl.: 1. Mo. im Monat. Das Kulturcafé ist mittlerweile bei allen Bevölkerungsgruppen beliebt. Das sonntägliche Frühstücksbuffet (9–14 Uhr) ist zudem weit über Nürnberg hinaus bekannt.

65 [G4] **Café Luftsprung** €€, Unterer Bergauerplatz 10, Tel. 2009400, www.cafe-luftsprung.de, geöffnet: So.–Do. 11.30–23, Fr., Sa. 11.30–1.30 Uhr. V. a. wegen der Salate wird das Café Luftsprung gerühmt: große Auswahl, leckere Kombinationen, ordentliche Portionen.

66 [E3] **Die kleine Eismanufaktur** €, Weißgerbergasse 28, www.facebook.com/diekleineeismanufaktur, Tel. 0151 43101426, geöffnet: tgl. 12–18 Uhr. Erstaunliche Eiskreationen sind das Markenzeichen der gebürtigen Kanadierin Josée Boucher, so z. B. Fleur de Sel/

MEINE TIPPS

Dinner for one

Grundsätzlich spricht natürlich nichts dagegen, jede der vorgestellten Lokalitäten auch alleine zu besuchen. Speziell das **Café Luftsprung** (s. links) mit dem langen Tresen und dem gewagten Wandgemälde bietet aber auf jeden Fall Anknüpfungspunkte für Gespräche mit dem Tischnachbarn und auch in den zahlreichen Gastro-Bereichen des **Cinecittà** 20 fühlt man sich nie allein.

Für den späten Hunger

Nur eine Antwort ist möglich: die **Wacht am Rhein** (s. S. 80) …

Essen mit Ausblick

Zwar ist der Burgberg bereits belegt und das Restaurant auf dem Fernsehturm in Schweinau geschlossen, aber die **Cloud One Bar** im **Motel One Nürnberg-Hauptbahnhof** (s. S. 129, www.motel-one.com/de/essen-trinken/cloud-one-bars) schließt diese Lücke. Aus dem 14. Stock sind tolle Ausblicke bei coolen Drinks möglich.

Auch der Biergarten der **Restauration Kopernikus** (s. S. 80) bietet einen Blick über die Altstadt und auf die Burg – mit etwas Glück inklusive schönem Sonnenuntergang. Gleiches gilt für die **Dachterrasse des Cinecittà** 20.

Lecker vegetarisch

Vegetarisch essen in der Stadt der Bratwurst und des Schäufele? Das gibts tatsächlich. **Mariposa** (s. S. 79) und **Veganel** (s. S. 80) sind rein vegetarische/vegane Restaurants, für den Imbiss gibt es die **Naturkostläden Lotos** (s. S. 82) und **Vegöner** (s. S. 82). Inzwischen bieten aber praktisch alle Gastronomen vegetarische und teils sogar vegane Gerichte auf ihrer Karte an.

Crème brûlée oder Johannisbeere mit Kardamom. Wo immer möglich, verwendet sie Bio-Lebensmittel. Sehr beliebt.

67 [G4] **Finca & Bar Celona** €€, Vordere Insel Schütt 4, Tel. 23739144, www.cafe-bar-celona.de, geöffnet: tgl. 9–24, Fr., Sa. bis 2 Uhr. Vom Frühstück bis zum nächtlichen Absacker ist die mediterrane Café-Bar-Kneipe im Schuldturm eine beliebte Anlaufstelle. Im Sommer sitzt man auf der Terrasse knapp über der Wasserlinie der Pegnitz.

68 [G5] **Literaturhaus** €€€, Luitpoldstr. 6, Tel. 2342658, www.restaurant-im-literaturhaus.de, geöffnet: Mo.–Fr. 7–23, Sa. 9–23, So. 9–18 Uhr. Eingerichtet im Stil der Pariser Literaturcafés erwarten den Gast ein aufmerksamer Service, abwechslungsreiche, frisch zubereitete Gerichte und selbstgebackene Kuchen.

69 [C6] **Lotos (1)** €, Hessestr. 4, Tel. 266180, geöffnet: Mo.–Fr. 10–18 Uhr, und:

70 [F4] **Lotos (2)** €, Unschlittplatz 1, Tel. 243598, www.naturkostladen-lotos.de, geöffnet: Mo.–Fr. 9.–17, Sa. 9–16 Uhr. Beide Läden bieten frische Bio-Nahrungsmittel, natürliche Körperpflegeprodukte und vor allem einen leckeren vegetarischen Imbiss mit täglich wechselnden Gerichten.

71 [F3] **Neef** €€, Winklerstr. 29, Tel. 225179, www.confiserie-neef.de, geöffnet: Di.–Sa. 9–17 Uhr. Die Nürnberger sind sich einig, dass es hier die besten Kuchen und Torten gibt. Wessen Figur ein paar Kalorien vertragen kann, der sollte den Neef nicht verpassen.

72 [B5] **Palais Schaumburg** €€, Kernstr. 46, U1 „Gostenhof", Tel. 260043, www.palaisschaumburg.de, geöffnet: So.–Fr. 11.30–1, Sa. 14–1 Uhr. Seit mehr als 35 Jahren ist die Kneipe mit dem kleinen Vorgarten schon eine Institution in Gostenhof. Im Innenraum präsentieren regelmäßig regionale Künstler ihre Werke.

73 [B4] **Salon Regina** €€, Fürther Str. 64, U1 „Gostenhof", Tel. 9291799, www.salonregina.de, geöffnet: Mo.–Sa. 10–23, So. 10–18 Uhr. Im Regina scheint die Zeit in den 1960er-Jahren stehen geblieben. Es ist immer eine gute Wahl, egal ob zum Frühstück, zu Kaffee und Kuchen oder für den kleinen Snack zwischendurch. Legendenstatus hat die Currywurst, die es auch in einer veganen Variante gibt.

74 [G5] **Suppdiwupp** €, Lorenzer Str. 27, Tel. 23585800, www.suppdiwupp.com, geöffnet: Mo.–Sa. 11–18 Uhr. Für den kleinen Hunger gibt es bei Suppdiwupp täglich wechselnde Suppen, Eintöpfe, Salate und Brotzeiten, die meist aus regionalen Zutaten gezaubert werden. Dabei kommen sowohl Veganer, Vegetarier als auch Fleischesser zu ihrem Recht.

75 [C2] **Vegöner** €, Poppenreuther Str. 10, Tel. 37777060, www.vegoener.de, geöffnet: Mo.–Sa. 11–21, So. 11–20 Uhr. Stehimbiss für zwischendurch mit Nürnbergs erstem vegetarischen Döner und weiteren fleischfreien und veganen Fast-Food-Gerichten.

76 [F2] **Wanderer Café und Bieramt** €, Beim Tiergärtnertor 2–6, www.cafe-wanderer.de, Tel. 0162 3958220, geöffnet: März/Apr. und Nov./Dez. Di.–So. 17–24, Mai.–Okt. Mo.–Do. 16–24, Fr.–So. 15–24, Café bereits ab 10 Uhr. Einer der schönsten Orte für eine Pause. Im Bieramt gibt es diverse Perlen fränkischer Braukunst und wechselnde Aktionsbiere und im Café den wahrscheinlich günstigsten Espresso der Stadt.

77 [G4] **Zeitungs-Café Hermann Kesten** €€, in der Zentralbibliothek, Gewerbemuseumsplatz 4, Zugang über Peter-Vischer-Str., Tel. 2447141, geöffnet: Mo.–Fr. 11–17, Sa. 11–15 Uhr. Großes Angebot an Zeitungen, vorzüglicher Espresso, selbst gebackene Kuchen, Suppen und Snacks – alles in historischen Klostermauern.

Nürnberg am Abend

Facettenreich und gar nicht provinziell präsentiert sich das Nachtleben in Nürnberg. Wer nach dem Besichtigungsprogramm noch ausreichend Energie hat, kann sich bis zum Tagesanbruch ins Vergnügen stürzen, darf sich aber nicht vom „Nachtgiger" erwischen lassen.

Nachtleben

Die Kneipen- und Musikszene ist über die ganze Stadt verteilt. Zeichen des Strukturwandels sind verlassene Fabrikareale der alten Industriestadt Nürnberg, die oft in Großdiskotheken umgewandelt wurden.

Kneipen und Bars

Viele der bereits genannten Restaurants und Cafés eignen sich selbstverständlich auch als Rahmen für einen netten Abend. Weitere Tipps:

78 [E4] **Bierwerk,** Unschlittplatz 9, Tel. 47892114, https://charakterbierbar.bierwerk-nuernberg.de, geöffnet: Mo.–Do. 18–24, Fr., Sa. 18–2 Uhr. „Es gibt für jeden das richtige Bier!" sagen die Betreiber und bieten eine Vielzahl an Fass- und Flaschenbieren an. Aus der eigenen Kreativbrauerei, gelegen am Bierweg (sic!) im Norden der Stadt, kommt natürlich auch das eine oder andere Produkt in den Ausschank.

79 [G4] **Die rote Bar,** Peter-Vischer-Str. 3, Tel. 9928956, www.dierotebar.net, geöffnet: tgl. ab 20 Uhr. Trendige Bar, in der viele Nürnberger gerne ihren Feierabendcocktail genießen. An Wochenenden Musik mit wechselnden DJs.

80 [di] **Freudenpark,** Kilianstr. 125, Bus 46/47 „Langer Steig", Tel. 352702, geöffnet: Di.–Sa. ab 17 Uhr. Exklusive Cocktails, fachkundige Barkeeper und ein illustres Publikum locken hier.

81 [D2] **Gelbes Haus,** Johannisstr. 40, Straßenbahn 6 „Hallerstr.", Tel. 390390, www.gelbes-haus.de, geöffnet: Mo.–Sa. ab 20 Uhr. Oliver Kirschner hat die „Licence to chill". Zahlreiche Cocktails, darunter Eigenkreationen, und eine unvergleichliche Auswahl an Whisk(e)ys stellen auch den anspruchsvollsten Gast zufrieden. Unbedingt probieren: Nürnberg-Gin!

82 [H3] **Meisengeige,** Am Laufer Schlagturm 3, Tel. 204724, geöffnet: Mo.–Do. 15–24, Fr., Sa. 14–1, So. 14–24 Uhr. Die Café-Kneipe gehört zum gleichnamigen und einzigen verbliebenen Programmkino der Region und hat Kultstatus.

83 [G4] **Sky Nürnberg,** Königstr. 11, Tel. 0151 11646499, geöffnet: Di.–Fr. 11.30–14 und 17.30–23, Sa. 11.30–2, So. 17–23 Uhr. Im Dachgeschoss des Multiplexkinos Admiral hat die Location als Sushi Bar neu eröffnet. Angeboten werden coole Cocktails, schmackhaftes Sushi und dazu der Blick über die Dächer der Altstadt.

Smoker's Guide

Die Regularien bezüglich des Rauchens in der Öffentlichkeit unterscheiden sich von Bundesland zu Bundesland. In Nürnberg gilt das vom höchsten bayerischen Souverän per Volksentscheid beschlossene **ausnahmslose Rauchverbot.** Rauchen ist in Gaststätten, ja sogar in Festzelten, grundsätzlich untersagt. Wer rauchen will, darf das vor der Tür aber gern tun.

Auch in **öffentlichen Gebäuden** ist Rauchen i. d. R. nicht gestattet, ebenso wenig in Fahrzeugen des **Personennahverkehrs.** Auf den Bahnsteigen der Bahnhöfe sind **Raucherbereiche** extra gekennzeichnet.

018ng Abb.: bs

› **Wanderer Café und Bieramt** (s. S. 82). Im Bieramt gibt es Perlen fränkischer Braukunst und wechselnde Aktionsbiere und im Café den wahrscheinlich günstigsten Espresso der Stadt.

Livemusik und Clubs

84 [G5] **Gemein & Gefährlich,** Lorenzer Str. 31, www.gemeinundgefaehrlich.de, geöffnet: Fr., Sa. 23–5 Uhr. „Erwachsen feiern" ist das Motto des Clubs. Die Zielgruppe sind Menschen über 30, die sich zum Tanzen, Feiern oder an der Bar treffen möchten.

85 [H5] **HINZxKUNZ KneipenKlub,** Marientorstr. 13, Straßenbahn 8 „Marientor", www.hinzxkunz.de, geöffnet: Mi.–Sa. 22–5 Uhr. Bequem auf der Couch oder rhythmisch auf der Tanzfläche – hier trifft sich das Partyvolk am Wochenende zu elektronischer Musik und Hip-Hop.

Musikalische Institution: das in einem ehemaligen Luftschutzkeller untergebrachte Jazzstudio

86 [ck] **Hirsch,** Vogelweiherstr. 66, Straßenbahn 4 „Dianaplatz", Bus 65 „Vogelweiherstraße", www.der-hirsch.de, geöffnet: So.–Do. 20–2, Fr., Sa. 22–5 Uhr. Die Partyzone in der Südstadt. Es gibt zwei Ebenen zum Abtanzen: oben meist mit Livemusik und unten sorgt der DJ für Stimmung. Träger des Bayerischen Popkulturpreises 2021 als „Club des Jahres".

87 [G2] **Jazzstudio,** Paniersplatz 27/29, www.jazzstudio.de, geöffnet: Sept.–Juni, Konzerte meist Fr., Sa. 21 Uhr (Einlass ab 20 Uhr). Das Jazzstudio ist eine Nürnberger Institution. Direkt vom Gehsteig führt die Treppe hinunter in die ehemaligen Luftschutzkeller unter dem Burgberg, wo seit 1954 nun aber Jazz gespielt wird. Das Platzangebot im Jazzstudio ist begrenzt, daher sollte man Karten reservieren.

88 [G5] **Stereo,** Klaragasse 8, www.club-stereo.net, Programm siehe Website. Kleiner, traditionsreicher Club in der Innenstadt mit Livemusik (Indie, Soul, Discopunk ...). Donnerstags steht Indie-Party auf dem Programm.

Theater und Konzerte

89 [F3] **Burgtheater,** Füll 13, Tel. 222728, http://burgtheater.de. Das unterhalb der Burg gelegene Theater hat sich zu einer anerkannten Kabarettbühne entwickelt. Es fördert aufstrebende Kabarettkünstler und organisiert Abende mit den Stars der Szene auf den größeren Bühnen Tafelhalle oder Meistersingerhalle.

90 [fj] **Culinartheater,** Am Tiergarten 8, Tel. 5430120, www.culinartheater.de. Samstagabends lädt das Tiergartenrestaurant Waldschänke zum Culinartheater. Während des mehrgängigen Menüs wird zwischen den Tischen, manchmal unter Einbeziehung des Publikums, das Stück aufgeführt.

91 [A5] **Gostner Hoftheater,** Austr. 70, Tel. 261510, www.gostner.de. Das eigene Ensemble präsentiert Stücke zeitgenössischer Autoren und modern inszenierte Klassiker. Außerdem werden auch Gastspiele freier Gruppen gegeben.

52 [dk] **Meistersingerhalle.** Die Meistersingerhalle ist etwas in die Jahre gekommen, aber dennoch einer der großen Veranstaltungsorte. Verschiedene Agenturen buchen die über 2000 Zuschauer fassende Halle für publikumswirksame Konzerte, Auftritte von Stars der Kabarettszene oder anderer Künstler. Der Veranstaltungskalender und die Vorverkaufsstellen werden auf der Internetseite bekanntgegeben (www.nuernberg.de/internet/meistersingerhalle).

92 [G7] **Paradies Revue-Theater,** Bogenstr. 26, U1 „Aufseßplatz", Tel. 0171 2367550, www.paradies-cabaret.de, Shows Do.-Sa. ab 19 Uhr. Mit viel Plüsch und ein wenig verrucht kommt das zweitälteste Travestietheater Deutschlands daher. Das Spektrum reicht von Livegesang und Parodien bis Striptease für Damen und Herren, inklusive unerwarteter Überraschungen. Karten für die Shows können telefonisch reserviert werden.

93 [dj] **Rote Bühne,** Vordere Cramergasse 11, Tel. 402213, www.rote-buehne.de. Der Name ist zugleich

MEINE TIPPS

Kulturzentrum Z-Bau

Das riesige Gebäude war Teil einer Kaserne und steht jetzt mit kommunaler Förderung der **freien Kulturszene** zu Verfügung. Entsprechend bunt ist das Programm: Kneipe und Biergarten, Livekonzerte, Lesungen, Dancefloor u. v. m. Ein Blick auf die Website lohnt sich.

94 [dk] **Z-Bau,** Frankenstr. 200, Bus 45/65 „Tiroler Str.", Tel. 4334920, https://z-bau.com

Entspannen in der Strandbar

Von Ende April bis Anfang Juli wandelt sich die **Insel Schütt** 18 mithilfe von 600 t weißen Kaolinsand, 50 Palmen und jeder Menge Liegestühle in eine **Strandbar.** Cocktails an der Pool-Lounge, kulinarische Köstlichkeiten und Beach-Volleyball sorgen für Abwechslung.

› **Weitere Infos:** https://lieblingsstrand-nuernberg.de

Programm und Tickets

Der jeweilige **Spielplan** ist auf den Internetseiten der Veranstaltungshäuser einsehbar. Karten erhält man bei den Nürnberger **Vorverkaufsstellen** (s. S. 116) oder häufig auch per **Onlinebestellung** direkt bei den Theatern oder bei www.ticketonline.de.

Eine gute **Übersicht über aktuelle Veranstaltungen,** Gastspiele oder Festivals an unterschiedlichen Orten bietet auch die Internetseite www.nuernberg-ticket.com.

Gestaltungskonzept, denn die Farbe Rot dominiert in den Räumen der ehemaligen Spielzeugfabrik. Auf dem Spielplan stehen Kleinkunst und Kabarett, Tanz- und Musikaufführungen, aber auch Varieté und Burlesque-Shows.

95 [E6] **Salz + Pfeffer,** Frauentorgraben 73, Tel. 224388, www.salzundpfeffer-theater.de. Das frühere Kino KaLi (Kammer-Lichtspiele) am Plärrer dient Wally und Paul Schmidt als Bühne für ihr Puppen- und Figurentheater. Besonders ist, dass Schauspieler und Puppen hier zusammen auf der Bühne agieren.

KURZ & KNAPP

Deutscher Kabarett-Preis

Kaum zu glauben: Die mutig „Deutscher Kabarett-Preis" genannte Auszeichnung wurde 1991 vom kleinen Nürnberger Burgtheater ins Leben gerufen und hat sich zu einem der renommiertesten Preise der Branche entwickelt. Die Stadt Nürnberg stiftet das jährliche Preisgeld von 12.000 EUR für insgesamt drei Kategorien. Schauplatz der jährlichen Preisverleihung mit Kabarett-Gala ist die Tafelhalle (s. r.).

37 [F6] **Staatstheater Nürnberg.** Unter dem Begriff Staatstheater versteht man die drei Bühnen Opernhaus, Schauspielhaus und Kammerspiele, die sich um den Richard-Wagner-Platz gruppieren und jeweils eigene Ensembles für Oper, Ballett und Schauspiel unterhalten. Dazu kommt die Nürnberger Staatsphilharmonie als zweitgrößtes Orchester in Bayern. Regelmäßig finden auch Gastspiele nationaler und internationaler Ensembles statt.

96 [di] **Tafelhalle,** Äußere Sulzbacher Str. 62, Straßenbahn 8 „Tafelwerk", Tel. 2314000, www.kunstkulturquartier.de. Die Tafelhalle gehört wie der direkte Nachbar, das Museum Industriekultur, zur ehemaligen Eisenfabrik Tafelwerk. Sie ist eine der wichtigsten und größten Bühnen der Stadt und Teil von KunstKulturQuartier, einer kommunalen Kultureinrichtung. Der Spielort wird für Festivals, Gastspiele und die regionale Theaterszene genutzt.

Zur Zeit des Historismus im Nürnberger Stil erbaut: das Opernhaus von 1902 (s. S. 51)

Nürnberg zum Stöbern und Shoppen

Nürnberg verfügt als Zentrum für ein halbes Bundesland selbstverständlich über vielfältige Einkaufsmöglichkeiten und eine breite Angebotspalette.

Die Shoppingmeilen Nürnbergs liegen in der **Lorenzer Altstadt.** In der Königstraße [G4/5], der Karolinenstraße [F4], der Breiten Gasse [F5] und der Pfannenschmiedsgasse [G5] dominieren die Läden der Filialisten wie in vielen anderen Großstädten auch. Das Angebot in der Kaiserstraße [F4] spricht eine etwas betuchtere Klientel an, dennoch sollte man es nicht versäumen, einmal durch die Fußgängerzone zu flanieren, denn die eine oder andere Perle lässt sich durchaus finden.

Mit Galeria (s. S. 91) gibt es noch ein klassisches Kaufhaus „für alles". Die touristisch wesentlich interessanteren Läden für **Souvenirs, Krimskrams** und **„Nürnberger Tand"** befinden sich eher in der **Sebalder Altstadt** rund um den Weinmarkt [F3] und unterhalb der Burg, dazu noch am Trödelmarkt [F4] und in Lorenz am Unschlittplatz 32 bzw. in der Oberen Wörthstraße.

Der **Hauptmarkt** 12 ist Standort des „grünen" Marktes. Hier wird täglich frisches Gemüse aus dem Knoblauchsland (oder vom Großmarkt) und manch andere Leckerei angeboten. Allein schon wegen der bunten Vielfalt und den Gerüchen ist der Bummel über den Hauptmarkt Pflicht.

Eines der ersten großen deutschen **Einkaufszentren** im Stil amerikanischer Shoppingmalls entstand 1969 in der Trabantenstadt Langwasser. Das Franken-Center (s. S. 91) war zur Versorgung des neuen Stadtteils gedacht, entwickelte sich jedoch aufgrund der ausgezeichneten Erreichbarkeit – wichtiger Umsteigepunkt von Umlandbussen zur U-Bahn und breite Zufahrtsstraßen – dynamisch zu einem äußerst beliebten Ziel zum Shoppen und Bummeln. In **Schoppershof** am Standort des maroden Linde-Stadions, ehemaliger Heimspielort der Eishockeymannschaft Ice Tigers, befindet sich der Mercado (s. S. 91) mit etwa 80 Fachgeschäften auf zwei Ebenen. In der **Südstadt** bietet sich der Aufseßplatz mit seinen zahlreichen Geschäften zum Shoppen an. Auch in allen anderen Stadtteilen gibt es selbstverständlich ausreichend Möglichkeiten für die Grundversorgung und spezielle Fachgeschäfte.

> **Shoppingareale**
> Die wichtigsten Shoppingbereiche der Stadt sind im Kartenmaterial mit einer rötlichen Fläche markiert.

Rund um die (Brat-)Wurst

Nürnberger Bratwürste in Dosen oder vakuumverpackt gibt es in den einschlägigen Bratwurstrestaurants. Zusätzlich darf auch jede Nürnberger Metzgerei die „Originalen" herstellen.

- **97** [F5] **Elzemann's Räucherkammerl,** Breite Gasse 17, Tel. 225681. Herrlich anachronistisches Ladengeschäft zwischen lauter Filialisten. Angeboten werden Würste, Schinken, Bauernbrot, Flaschenbiere und Obstbrände, alles aus regionaler Produktion.
- **98** [F2] **Metzgerei Wolf,** Bucher Str. 14, www.gourmetmetzgerei-wolf.de. Seit mehr als 115 Jahren in Familienbesitz am gleichen Standort. Wurstwaren nach Familienrezepten, dazu Käse, Salate und günstige Mittagmenüs.

121ng Abb.: ©vulcanus, stock.adobe.com

Lebkuchen

Ähnlich wie bei der Bratwurst müssen auch Nürnberger Lebkuchen innerhalb der Stadtgrenzen angefertigt worden sein, um diesen Namen tragen zu dürfen. Es gibt einige Großbetriebe, die weltweit mit den Produkten handeln, doch auch ein paar Nürnberger Bäcker führen die Tradition der Lebküchnerei weiter.

Großbetriebe

99 [el] **Lebkuchen Schmidt (1),** Zollhausstr. 30 (Werksverkauf), www.lebkuchen-schmidt.com, geöffnet: Mo.-Fr. 9-18, Sa. 9-13 Uhr. Filialen:

100 [G4] **Lebkuchen Schmidt (2),** Plobenhofstr. 6, Mo.-Fr. 9-18, Sa. 9-16 Uhr

101 [F4] **Wicklein Lebkuchen,** Hauptmarkt 7 (Fabrikverkauf), geöffnet: Mo.-Fr. 10-19, Sa. 10-16 Uhr, während des Christkindlesmarktes 9.30-20 Uhr, zusätzl. So. 10.30-18.30 Uhr. Der Flagship-Store des Unternehmens mit angeschlossenem Café.

Kleine und mittelständische Betriebe

102 [C2] **Gebr. Fraunholz Elisenlebküchnerei (Fabrikverkauf),** Wilhelm-Marx-Str. 8, www.fraunholz-lebkuchen.de, geöffnet: Mo.-Fr. 8-17 Uhr

103 [F3] **Gebr. Fraunholz Elisenlebküchnerei (Ladenverkauf),** Bergstr. 1, Mo.-Fr. 10-18, Sa., So. 11-16 Uhr

104 [di] **Lebküchnerei Düll (1),** Backstube mit Laden: Mathildenstr. 28, www.lebkuchen-nuernberg.com, Mo.-Fr. 6-18, Sa. 6-13 Uhr. In der Vorweihnachtszeit mobiler Verkaufsstand (Mo.-Sa. 10-18 Uhr) in der Pfannenschmiedgasse 10 [G5]. Filialen:

105 [F3] **Lebküchnerei Düll (2),** Bergstr. 23, geöffnet: Mo.-Fr. 7-18, Sa. 7-13 Uhr

106 [E4] **Lebküchnerei Düll (3),** Josephsplatz 32, geöffnet: Mo.-Fr. 9-18, Sa. 9-16 Uhr

107 [di] **Lebküchnerei Düll (4),** Schillerstr. 4, geöffnet: Mo.-Fr. 6.30-18, Sa. 6.30-14 Uhr

› **Lebküchnerei Eckstein,** www.lebkuchen-eckstein.de, saisonale Verkaufsstellen im Hauptbahnhof 36 und in der Königstraße [G4-5].

108 [G4] **Witte Spezialitäten,** Spitalgasse 4, www.lebkuchen-nuernberg.de, geöffnet: Jan.-Sept. Mo.-Fr. 10-18, Sa. 10-16 Uhr, Okt.-Dez. Mo.-Sa. 10-19 Uhr. Besonderheit: Lebkuchenkonfekt und Sommerlebkuchen.

Lebkuchen Schmidt (1) in voller Beleuchtung

Eine unglaubliche Vielfalt an Senfsorten gibt es im Senfladen

Nürnberger Tand

Als „Nürnberger Tand" wurden bereits im 16. Jahrhundert die hochwertigen Handwerkserzeugnisse der Stadt gerühmt. Gemeint waren beispielsweise Metallprodukte, Spielwaren, Haushaltsgeräte, Pinsel oder Knöpfe. Auch heute gibt es noch den einen oder anderen Handwerker oder aber Händler, der in dieser Tradition steht.

109 [B5] **14,80,** Kernstr. 32, U1 „Gostenhof", Tel. 0173 3583587, geöffnet: Mi.-Fr. 14.08-18.40, Sa. 10.48-14.08 Uhr. Alles, was das Retroherz begehrt: Singles und LPs, Schellackplatten, Trödel und Design der 1950er- bis 1970er-Jahre, besonders Lampen!

110 [F4] **Clubhaus,** Josephsplatz 4, U1 „Weißer Turm", www.fcn.de/der-club/clubhaus, geöffnet: Mo.-Sa. 10-18 Uhr. Auf zwei Etagen finden Fans und solche, die es werden wollen, alles rund um den 1. FC Nürnberg. Und falls die Suche länger dauert, gibt es Kaffee und Kuchen.

111 [F3] **Der Senfladen,** Bergstr. 27, Tel. 3944977, https://senfladen.bayern, geöffnet: Di.-Fr. 11-18, Sa. 11-16 Uhr. Das Angebot umfasst über 230 Senfsorten, z. T. exklusiv für die Inhaberin hergestellt, oder auch Senfgeist und -pralinen.

112 [H3] **Die Bierothek,** Äußere Laufer Gasse 6, https://bierothek.de/stores/nuernberg, geöffnet: Mo.-Mi. 12-20, Do., Fr. 12-18, Sa. 10-20 Uhr. Freunde des Craft-Biers können sich hier eindecken. Im Angebot sind fränkische und internationale Brauerzeugnisse.

113 [G5] **fenestra Glasgestaltung,** Handwerkerhof, www.fenestra-nuernberg.de, geöffnet: Mo.-Sa. 10-18 Uhr. Farbenfrohe Schalen und Vasen, Schmuck und sonstige Accessoires werden in der eigenen Werkstatt selbst hergestellt oder bei kleinen Manufakturen zugekauft.

014ng Abb.: bs

114 [E4] **Gabriele Knebel,** Unschlittplatz 5, www.gabrieleknebel.de, geöffnet: Di.-Fr. 11-14 u. 15-18, Sa. 11-16 Uhr. Die Silberschmiedemeisterin Gabriele Knebel veredelt in ihrer Werkstatt Metall zu individuellem Schmuck, zu Schalen, Vasen und sonstigen Accessoires.

115 [C5] **Kaffeemanufaktur Machhörndl,** Obere Kieselbergstr. 13, www.machhoerndl-kaffee.de, geöffnet: Di.-Do. 10-17 Uhr, Fr., Sa. 10-16 Uhr. Armin Machhörndl bezieht Rohkaffee und röstet mit seiner Trommelröstmaschine von Hand. Selbstverständlich kann man hier auch probieren. Mittlerweile gibt es auch das Machhörndl Café im Crämer & Co (s. S. 90).

116 [F3] **Karin Suchanka,** Weinmarkt 12a, www.feinetaschen.de, geöffnet: Di.-Fr. 11-18, Sa. 11-16 Uhr. Die Feintäschnermeisterin Karin Suchanka fertigt einzigartige Handtaschen, Geldbeutel und Babyschuhe.

117 [F4] **Käthe Wohlfahrt,** Königstr. 8, www.wohlfahrt.com, geöffnet: Mo.-Sa. 10-18, So. 11-17 Uhr. In der Stadt des Christkindlesmarkts ist das ganze Jahr über Weihnachten: Bei Käthe Wohlfahrt gibt es Christbaumschmuck, Spieldosen,

Mein Tipp

Shop 'n' Stop

Einen Extraklasse-Espresso oder -Cappuccino bekommt man im **Café der Kaffeemanufaktur Machhörndl**, das in der Filiale des Jeansgeschäfts Crämer & Co. angesiedelt ist.

128 [F5] **Machhörndl Café im Crämer & Co,** Brunnengasse 7-9, geöffnet: Mo.-Sa. 10-18 Uhr

Das stilvoll eingerichtete Café im **Thalia Buchhaus Campe** (s. rechts) eignet sich ebenfalls für eine Pause, um gleich im erworbenen Buch zu schmökern. Im Burgviertel ist das **Wanderer Café** (s. S. 82) mit dem Außenbereich der *place to be*. Für einen Zwischenstopp mit Essenspause eignen sich auch die **Naturkostläden Lotos** (s. S. 82). Es müssen ja nicht immer „Drei im Weggla" sein.

Nussknacker, Räuchermännchen und vieles mehr.

118 [H7] **Landbierparadies (Geschäft),** Galgenhofstr. 60, www.landbierparadies.com, Mo.-Fr. 9-19, Sa. 9-17 Uhr. Der Laden führt die vermutlich größte Auswahl an fränkischen Landbieren, die man sich in Kästen individuell zusammenstellen kann.

119 [F3] **Lapislazuli,** Albrecht-Dürer-Str. 32, www.lapislazuli.de, geöffnet: Mo.-Fr. 10-13 u. 15-18, Sa. 10-14 Uhr. Der blaue Edelstein steht im Mittelpunkt der fantasievollen Schmuckkreationen.

120 [E4] **Mina,** Unschlittplatz 7b, www.mina-nue.de, geöffnet: Di.-Sa. 11-18 Uhr. Ein bisschen von allem: Mode (Hannes Roether), Möbel, Schmuck (Escapulario), italienische Weine und nette Tipps vom Personal.

121 [F3] **Museumsladen am Albrecht-Dürer-Haus,** Albrecht-Dürer-Str. 30, www.duerermuseumsshop.de, geöffnet: Di.-Fr. 10-17, Sa., So. 10-18 Uhr, Juli-Sept. und Christkindlesmarkt auch Mo. In der ehemaligen Metzgerei gibt es alles zu Dürer, vom Mousepad bis zu hochwertigen Büchern.

122 [B4] **Vinty's,** Fürther Str. 74a-76, www.vintys.de, geöffnet: Di.-Sa. 11-18 Uhr. In Gostenhof gelegen hat der Secondhandladen ein beachtliches Kleiderangebot für Vintageliebhaber sowie Fairtrade-Produkte. In der Retro-Café-Ecke gibt es freitags hausgemachten Kuchen.

123 [F4] **Wurzelsepp,** Hauptmarkt 1, www.wurzelsepp-nuernberg.de, geöffnet: Mo.-Sa. 9.30-18 Uhr. Gewürze, Tees, Saucen, Konfitüren, Wellnessprodukte und Bonbons bilden das Sortiment des Traditionsgeschäfts.

Bücher

124 [F4] **Bücher Jakob,** Hefnersplatz 8, www.buch-jakob.de, geöffnet: Mo.-Sa. 10-19 Uhr. Traditionsbuchhandlung, deren Wurzeln in der Südstadt bis in die 1930er-Jahre zurückreichen. Manchmal finden Autorenlesungen statt.

125 [fI] **Buchhandlung Rüssel,** Löwenberger Str. 10, www.buchhandlung-ruessel.de, geöffnet: Mo.-Fr. 9-18, Sa. 9-14 Uhr. Die inhabergeführte Buchhandlung bietet zusätzlich zu den üblichen Leistungen einen großen Bereich zum Thema „Franken" und regelmäßige interessante Lesungen.

126 [F4] **Korn & Berg,** Hauptmarkt 9, www.kornundberg.de, geöffnet: Mo.-Fr. 9.30-18.30, Sa. 9.30-18 Uhr. Deutschlands älteste Buchhandlung aus dem Jahr 1531 hat trotz Renovierung nichts von ihrer Atmosphäre eingebüßt.

127 [F4] **Thalia Buchhaus Campe,** Karolinenstr. 53, www.thalia.de, geöffnet: Mo.-Sa. 10-20 Uhr. Kein weiterer liebloser Laden eines Filialisten, sondern eine schön eingerichtete Buchhandlung mit Kinderspielbereich, Café und Kultur-

lounge für Veranstaltungen, dazu eine fachkundige Beratung.

🔒129 [G5] **Ultra Comix,** Vordere Sterngasse 2, www.ultra-comix.de, geöffnet: Mo.–Fr. 10.30–19, Sa. 10–18 Uhr. Auf 1000 m² Fläche gibt es Comics, Mangas, Fantasy und alles, was dazugehört …

Märkte

🔒130 [dj] **Bauernmarkt am Kopernikusplatz** ✿, Kopernikusplatz, U1 „Aufseßplatz", geöffnet: Fr. 8–18 Uhr. Lebensmittel querbeet von Brot über Fleisch bis zu Wein, vieles aus eigener und ökologischer Erzeugung.

⓬ [F4] **Hauptmarkt,** geöffnet: Mo.–Sa. 7–20 Uhr. Markt für Gemüse, Obst und Blumen, dazu Feinkost- und Imbissstände mit Leckereien auf die Hand.

🔒131 [el] **Wochenmarkt am Franken-Center,** Heinrich-Böll-Platz, U1 „Langwasser Mitte", geöffnet: Sa. 8–12 Uhr. Selbsterzeuger bieten die frischen Produkte ihrer Arbeit an.

Mode

🔒132 [E4] **glore** ✿, Karl-Grillenberger-Str. 24, www.glore.de, Mo.–Sa. 10.30–19 Uhr. „Glore" steht für „globally responsible fashion" und bietet Kleidung mit ethischem Anspruch, fair gehandelt aus ökologisch nachhaltiger Produktion.

🔒133 [G5] **Sandy Kay – Alternative Warehouse,** Königstr. 39, www.sandykay.de, geöffnet: Mo.–Sa. 11–18 Uhr. Kleidung im Vintage- und Retro-Look, dazu Rockabilly, Gothic, Steampunk und Lingerie.

🔒134 [F3] **Shushu,** Weinmarkt 1, www.shushu-nbg.de, geöffnet: Mo.–Fr. 11–18, Sa. 11–16 Uhr. In der netten Boutique gibt es hochwertige Schuhe und trendige Klamotten und Accessoires für die Dame.

🔒135 [E4] **Wöhrl,** Ludwigsplatz 12–24, www.woehrl.de, geöffnet: Mo.–Sa. 10–20 Uhr. Hier steht das beeindruckende Stammhaus des Nürnberger Modeunternehmers Rudolf Wöhrl. Auch mit großer Sportabteilung und dem pfiffigen U1 concept store mit junger Mode.

Kaufhäuser und Einkaufszentren

🔒136 [el] **Franken-Center,** Glogauer Str. 30–38, U1 „Langwasser Mitte", www.franken-center-nuernberg.de, geöffnet: Mo.–Fr. 9.30–20, Sa. 9–20 Uhr. Eine der ersten deutschen Shoppingmalls mit 40.000 m² und rund 100 Fachgeschäften.

🔒137 [F4] **Galeria Nürnberg,** Königstr. 14, an der Lorenzkirche, www.galeria.de, geöffnet: Mo.–Sa. 9.30–20 Uhr. Das letzte klassische Warenhaus, das den Schrumpfungsprozess der Hertie-Kaufhof-Karstadt-Imperien überlebt hat. Mit exquisiter Feinkostabteilung im 2. UG.

🔒138 [di] **Mercado,** Äußere Bayreuther Str. 80, U2 „Nordostbahnhof", www.mercado-nuernberg.de, geöffnet: Mo.–Sa. 9.30–20 Uhr. Auf zwei Ebenen kann man in etwa 80 Fachgeschäften shoppen gehen.

129ng Abb.: ©Fotolyse, stock.adobe.com

☒ *Der Hauptmarkt ⓬ lockt mit Produkten aus dem Knoblauchsland*

Nürnberg zum Durchatmen

Trotz dichter Bebauung und kaum Grünflächen gibt es sie tatsächlich, die stillen Orte zum Ausruhen und Träumen im und um das Zentrum der Stadt.

Auf dem **Fußweg** vom Hallertor (Am Hallertor [E3]) hinauf zur **Burg** (1) herrscht wenig Trubel. Man spaziert auf der Bastion vor der eigentlichen Stadtmauer unter schattigen Bäumen und zwischen hübsch angelegten Blumen- und Kräuterbeeten und hat ausreichend Gelegenheit zur Rast auf einer Bank. Nach einem Zwischenstop im Neutorzwinger, hier muss man kurz über die Treppe runter und gleich wieder hoch, endet der Weg im Burggarten und bietet einen fantastischen Ausblick auf die mächtigen Bastionen. Der **Burggraben** selbst hat hinter der Burg seine tiefste Stelle. Witzig sind die Kleingärten, die dort angelegt sind und mit Liebe bewirtschaftet werden.

021ng Abb.: bs

Gärten ganz anderer Art sind in St. Johannis zu sehen. **Hesperidengärten und Barockgarten** (45) sind Ziergärten wohlhabender Kaufleute und strahlen auch heute noch Ruhe und Eleganz aus. Der **Rosenaupark** (s. S. 52) in Gostenhof mit dem beliebten Kiosk ist besonders im Sommer ein Magnet für Müßiggänger und Pausemacher.

Wer lieber mitten in der Stadt bleiben möchte, der kann sich auf die grasbewachsene Ostspitze der **Trödelmarktinsel** („Liebesinsel", [F4]) legen. Ein paar Stufen abwärts reichen, um sich aus dem hektischen Großstadtgetriebe auszublenden. Aber bitte beim Nickerchen nicht ins Wasser rollen!

Für die innere Einkehr bietet sich die schlichte **Kirche St. Klara** (25) in der Königstraße an, ein Ruhepol in der geschäftigen Straße, die Hauptbahnhof und Fußgängerzone verbindet.

An warmen Sommertagen sorgt der **begehbare Brunnen** von Jeppe Hein, offiziell „Hexagonal Water Pavilion" genannt, mit seinen Wasserfontänen für Spaß und Abkühlung bei den Kleinen, während die Eltern sich auf den umliegenden Sitzgelegenheiten erholen können. Allerdings wechselt der Brunnen jeden Sommer seinen Standort, der im Internet (www.nuernberg.de, nach „Jeppe Hein Brunnen" suchen) oder bei der Tourist Information (s. S. 116) in Erfahrung zu bringen ist.

Ruhepause auf der „Liebesinsel" genannten Trödelmarktinsel [F4]

Zur richtigen Zeit am richtigen Ort

Eine „beste Zeit" für einen Nürnberg-Besuch gibt es nicht. Wie bei vielen anderen Städtezielen gibt es auch hier passende Programmpunkte für jede Jahreszeit und jedes Wetter. Aber selbstverständlich ist es auch in Nürnberg entspannter und schöner, wenn es warm ist, die Sonne scheint, die Leute besser gelaunt sind und man mit luftiger Bekleidung auskommt.

Bei allen Veranstaltungen ist es ratsam, sich vorher sicherheitshalber im Internet zu informieren.

März

- **Filmfestival Türkei/Deutschland** (www.fftd.net): Veranstaltet vom Verein InterForum Kunst & Kultur – Nürnberg international e. V. und dem Amt für Kultur der Stadt ist dieses Festival zu einem viel beachteten Forum des Austauschs beider Kulturen geworden. In mehreren Kinos werden Spiel-, Kurz- und Dokumentarfilme präsentiert und Preise vergeben, u. a. der Öngören-Filmpreis für Menschenrechte und Demokratie.

April

- **Ostermarkt:** Zwei Wochen vor Ostern ist der Hauptmarkt 12 Schauplatz des Ostermarktes, der ältesten Marktveranstaltung der Stadt. Der Schwerpunkt liegt auf Geschirr, Keramik und Haushaltswaren sowie natürlich auf Osterartikeln.
- **Frühlingsfest:** Auf dem Volksfestplatz an der Bayernstraße (nahe Reichsparteitagsgelände 50 erwarten zwei Wochen lang Schausteller und Bierzeltwirte die vergnügungswillige Kundschaft.
- **1. Töpfermarkt** (www.nuernberger-toepfermarkt.de): Meist Ende April steht an einem Wochenende der Hauptmarkt 12 im Zeichen von Keramik und Steingut. Handwerker und Künstler bieten ihre Waren an (2. Töpfermarkt, s. S. 96).

Der Nürnberger Christkindlesmarkt (s. S. 94) ist weltberühmt

Der Christkindlesmarkt – hier ist das Christkind zu Hause

Diesen Slogan haben sich findige Werbetexter einfallen lassen, um den wohl bekanntesten Weihnachtsmarkt der Welt anzupreisen. Jährlich kommen **über 2 Mio. Besucher** auf den **Hauptmarkt** ⓬, um sich in weihnachtliche Stimmung versetzen zu lassen.

Die genauen Ursprünge des Marktes liegen im Dunkeln. Überliefert ist, dass Martin Luther die Kinder vom „Heiligen Christkind" bescheren ließ. Dieser neue Brauch kam scheinbar auch ins protestantische Nürnberg, wie schriftliche Belege über das „Kindleinsbescheren" nahelegen. Einen ersten **schriftlichen Nachweis** über den Markt gibt es aus dem Jahr 1628 in Form einer Notiz auf einem Holzschächtelchen. Aus einer Marktliste von 1737 geht hervor, dass nahezu alle Nürnberger Handwerker mit Verkaufsständen vertreten waren. Im 19. Jh. sank die Bedeutung des Markts, der zwischenzeitlich sogar auf die Insel Schütt umziehen musste.

Ironischerweise waren es die **Nationalsozialisten,** die im Zuge ihres Nürnberg-Mythos als „des Reiches Schatzkästlein" den Christkindlesmarkt wiederauferstehen ließen. Der Markt wurde 1933 wieder zurück auf den Hauptmarkt verlegt und das Christkind trat zum ersten Mal als Person auf. Es war genau wie die **Weihnachtsbeleuchtung** in den Straßen und das **Eröffnungsspektakel** eine Erfindung des nationalsozialistischen Oberbürgermeisters **Willy Liebel.** Während der Kriegsjahre fiel der Markt aus. Erst 1948 ging es trotz der Trümmerlandschaft weiter, wobei man am Auftreten des Christkinds festhielt. Am Freitag vor dem 1. Advent spricht es von der Empore der Frauenkirche um 17.30 Uhr die Eröffnungsrede, **den Prolog.**

Von 1948 bis 1968 wurde das **Christkind** von den beiden bekannten Theaterschauspielerinnen Sofie Keeser und Irene Brunner gespielt. Seitdem wird es für eine **„Amtszeit" von zwei Jahren** gewählt. Die Bewerberinnen müssen Nürnbergerinnen, zwischen 16 und 19 Jahre alt, mindestens 1,60 m groß und schwindelfrei sein. Eine Vorauswahl treffen die Leser der lokalen Tageszeitungen, die Endauswahl trifft eine Jury. Das Christkind ist eine Botschafterin der Stadt – Fernsehauftritte und Auslandsreisen gehören genauso zur Stellenbeschreibung wie Besuche in Kindergärten und Altenheimen. Das Christkind von 2019 war das erste mit optisch erkennbarem Migrationshintergrund. Mit beeindruckender Leichtigkeit und entwaffnendem Charme gelang es ihr, die empörenden Kommentare aus den entsprechenden Ecken wegzulächeln.

Mittlerweile hat sich rund um den Markt ein **buntes Programm** etabliert. Auf dem Hans-Sachs-Platz findet die **Kinderweihnacht,** unter anderem mit Mitmachständen für die Kleinen, statt. Auf dem **Markt der Partnerstädte** auf dem Rathausplatz geht es international zu und im **Sonderpostamt** können Karten für Fahrten mit der Postkutsche erworben und Briefe mit dem weltweit einmaligen Sonderstempel frankiert werden.

Typische Nürnberger Artikel des Christkindlesmarktes sind **„Zwetschgermännla"** und **Rauschgoldengel.** Zum Verzehr kommen **Glühwein** (auch alkoholfrei), **Lebkuchen, Früchtebrot** und **„Drei im Weggla".**

› www.christkindlesmarkt.de, Ende Nov.–23. Dez. tägl. 10–21 Uhr, 24.12. 10–14 Uhr

Mai

- **Erfahrungsfeld der Sinne:** Am 1. Mai startet jedes Jahr, üblicherweise bis Anfang September, das Erfahrungsfeld auf der Wöhrder Wiese. Auf spielerische Art können Groß und Klein, Jung und Alt dort das Zusammenspiel der eigenen Sinne, erstaunliche Phänomene der Physik und die Gesetze der Natur erfahren.
- **1. Trempelmarkt:** Am Wochenende vor dem Muttertag werden die Dachböden und Keller ausgeräumt und die gesamte Fußgängerzone der Stadt mutiert zu einem gigantischen Innenstadtflohmarkt.
- **Blaue Nacht** (www.blauenacht.nuernberg.de): In ungeraden Jahren ist die Blaue Nacht einer der Höhepunkte des Nürnberger Kulturlebens. Bis 24 Uhr haben die Museen geöffnet und laden zu Veranstaltungen ein. An vielen Stellen innerhalb der Altstadt befinden sich Aktionsflächen, auf denen Kulturschaffende ihrer Kreativität Ausdruck verleihen.
- **Lange Nacht der Wissenschaften** (www.nacht-der-wissenschaften.de): Alle zwei Jahre öffnen Hochschulen und Technologieunternehmen ihre Tore, um aktuelle Forschungen und Innovationen, aber auch Ungewöhnliches und Verblüffendes aus der Welt der Wissenschaft zu präsentieren.

Juni

- **Rock im Park** (www.rock-im-park.com, s. S. 63): Meist am ersten Wochenende im Juni wird das Gelände rund um den Dutzendteich zur Rockbühne. Der Park füllt sich mit Zelten und Tausende meist junge Menschen feiern exzessiv von Freitag bis Sonntag zu Rock und Heavy Metal.
- **Internationale Orgelwoche** (www.ion-musica-sacra.de): Bereits seit 1951 bilden Ende Juni, Anfang Juli die Altstadtkirchen und die Meistersingerhalle 52 zehn Tage lang den Rahmen für eine Konzertserie mit sakraler Musik.
- **Norisring** (https://norisring.de): Alljährlich machen die Deutsche Tourenwagen-Meisterschaft und ihre Partnerserien Station in Nürnberg. Der einzige Stadtkurs der Rennserie führt auf sonst normalerweise öffentlichen Straßen um die Steintribünen des Reichsparteitagsgeländes.

Veranstaltungstermine

Tagesaktuelle Tipps zu Veranstaltungen bekommt man über die beiden großen Tageszeitungen (s. S. 119) und im Internet unter www.kubiss.de und www.nordbayern.de.

Messezeiten meiden

Wenn man nicht als Aussteller anreist oder Besucher der **Spielwarenmesse** oder der **BioFach** ist, sollte man im Februar besser keinen Nürnberg-Trip planen. Die Hotels sind dann bis weit ins Nürnberger Umland ausgebucht und verlangen „Messepreise".

Juli/August

- **Südstadtfest** (www.suedstadtfest.de): In der Südstadt leben Menschen aus über 80 Nationen. Am ersten Wochenende im Juli tobt am Ritter-von-Schuh-Platz ein multikulturelles und generationenübergreifendes Festival mit kulturellen und kulinarischen Höhepunkten.
- **Klassik Open Air** (www.klassikopenair.de): An zwei Sommerabenden Ende Juli/Anfang August laden die Nürnberger Philharmoniker und die Nürnberger Symphoniker zu einem Picknick mit klassischer Musik im Luitpoldhain 52. Die Gäste sitzen mit Decken auf dem Rasen oder bringen Campingmöbel mit. Das Pick-

nick darf, dem Anlass angemessen, gern exklusiver ausfallen und der Kerzenleuchter aus dem Esszimmer darf auch mit.

- **Bardentreffen** (www.bardentreffen.de): Seit 1976 verwandeln am ersten Wochenende der bayerischen Sommerferien Fr.–So. Liedermacher, Singer-Songwriter und Folk-Gruppen aus aller Welt die Altstadt in eine riesige Bühne. Meist lassen sich über 200.000 Besucher von der Veranstaltung verzaubern. Auf neun Bühnen spielen die Profis, aber auch Straßenmusiker sind an allen Ecken zu finden.

September

- **2. Trempelmarkt:** siehe Mai (S. 95).
- **Herbstvolksfest:** Freunde von Bierzelten, Schießbuden und Achterbahnen kommen Anfang September zwei Wochen lang auf ihre Kosten (www.volksfest-nuernberg.de). Das Festgelände befindet sich in der Nähe des Dutzendteiches neben der Kongresshalle (s. S. 61).
- **Altstadtfest** (http://altstadtfest-nue.de): Im Anschluss an das Herbstvolksfest geht es gleich in der Altstadt weiter. Mittelpunkt dieses Fests ist die Insel Schütt 18 mit „Gastronomendorf", in dem Essen und Getränke verkauft werden. Auf einigen Bühnen am Hauptmarkt 12 oder in der Ruine der Katharinenkirche 21 gibt es ein buntes Musikprogramm. Höhepunkt ist der Festzug mit dem anschließenden Fischerstechen auf der Pegnitz am ersten Festsamstag.
- **Friedenstafel** (www.menschenrechte.nuernberg.de): In zweijährigem Rhythmus (jeweils in ungeraden Jahren) findet anschließend an die Preisverleihung des Internationalen Nürnberger Menschenrechtspreises die Friedenstafel statt. Das gemeinsame Mahl erinnert an das Ende des Dreißigjährigen Krieges und soll ein Symbol für Frieden, Toleranz und die Achtung der Menschenrechte sein. Das Kulturamt sorgt für den Aufbau der ca. 350 Tische quer durch die Altstadt, die Bürger bringen Essen und Deko mit.
- **Stadtverführungen** (www.stadtverfuehrungen.nuernberg.de): Organisiert vom Kulturamt bieten Vereine, Verbände, Privatpersonen oder Unternehmen rund 400 Führungen im gesamten Stadtgebiet und in Fürth an. Mit dem Kauf eines Anhängers, z. B. bei der Tourist Information (im Vorverkauf 10 €, am Veranstaltungswochenende 12 €), erwirbt man die Berechtigung zur Teilnahme an „Deutschlands größtem Führungsmarathon".

Oktober/November

- **2. Töpfermarkt** (www.nuernberger-toepfermarkt.de): Im Oktober findet der 2. Töpfermarkt der Kunsthandwerker auf dem Hauptplatz statt (s. S. 93).

Dezember

- **Christkindlesmarkt** (www.christkindlesmarkt.de): Der weltberühmte Christkindlesmarkt (s. S. 94) lockt jedes Jahr ca. 2 Mio. Besucher aus aller Welt an. Traditionell eröffnet das Christkind mit dem Prolog vom Balkon der Frauenkirche am Hauptmarkt 12 am Freitagabend vor dem 1. Advent das Geschehen. Bis zum Heiligabend werden im dem „Städtlein aus Holz und Tuch" Lebkuchen, Früchtebrot, Christbaumschmuck, Kunstgewerbe und natürlich die typischen „Zwetschgermännla" (Figuren aus Dörrpflaumen) angeboten. Ergänzend finden die Kinderweihnacht am Hans-Sachs-Platz [G4] und der Markt der Partnerstädte am Rathausplatz [F3] statt.

NÜRNBERG VERSTEHEN

064ng Abb.: bs

Nürnberg – ein Porträt

Mit 500.000 Einwohnern ist Nürnberg die zweitgrößte Stadt Bayerns und die Metropole des Frankenlands. Die touristischen Sehenswürdigkeiten konzentrieren sich auf die Altstadt, dennoch ist es zum eigentlichen Kennenlernen nötig, auch die anderen Stadtteile zu besuchen. Innerhalb der Stadtgrenzen sind ganz unterschiedliche Facetten Nürnbergs zu finden: Industriestandort und landwirtschaftlich geprägte Dorfkultur, Trabantenstadt im Grünen und rührige Szeneviertel.

Die **Pegnitz** teilt die Altstadt in die nördliche **Sebalder** und die südliche **Lorenzer Altstadt,** jeweils benannt nach den beiden Hauptkirchen St. Sebald 6 und St. Lorenz 23. Zusammengehalten wird die Altstadt vom **Stadtgraben** und der **Stadtmauer,** die fast auf der kompletten Länge erhalten ist. Innerhalb des Parallelogramms, das Graben und Mauer bilden, liegen die wichtigsten Sehenswürdigkeiten, insbesondere natürlich diejenigen, die in Bezug zu Mittelalter und beginnender Neuzeit stehen.

Rund um die Altstadt und entlang der Pegnitz schließen sich dichte **Wohngebiete** an. In der **Nordstadt** sind noch ganze Straßenzüge mit gründerzeitlichen Wohnhäusern erhalten, die **Südstadt** ist dagegen von **Industrieanlagen** durchsetzt. Schon immer war Nürnberg ein Industriestandort ersten Ranges. Bereits im Mittelalter war der Reim „Nürnberger Tand geht durch alle Land“ weithin bekannt. Nicht von ungefähr fuhr hier auch die **erste deutsche Eisenbahn,** woran aber nur noch ein Denkmal erinnert. Heute ist die Stadt im **Strukturwandel** begriffen. Große Namen wie Grundig oder AEG sind verschwunden, Industrieareale werden auf ganz vielfältige und innovative Weise anderweitig genutzt.

Rund um den Dutzendteich befindet sich das Aufmarschgelände, auf dem die **Nationalsozialisten** ihre **Reichsparteitage** feierten. Die große Steintribüne mit der Führerloge ließ sich nicht wegsprengen und hat die Jahrzehnte überdauert. Das Dokumentationszentrum Reichsparteitagsgelände 50 ist ein Pflichttermin eines Nürnberg-Besuchs, auch wenn das Thema beklemmend ist. Überraschend ist vor allem aber der **ungezwungene Umgang der Nürnberger** mit dem Gelände. Heute steht es ganz im Zeichen der Freizeit: Jogger und Spaziergänger, Skater und Radfahrer sind unterwegs und kümmern sich nicht um vergangene Schrecken.

Noch etwas weiter im Osten befindet sich der **Tiergarten** 49. Früher wurden dort in **Sandsteinbrüchen** die Blöcke für die Burg, die Kirchen und die Bürgerhäuser in der Altstadt abgebaut, heute sind die Steinbrüche

⊏ Vorseite: Die Weißgerbergasse 7 lässt erahnen, wie Nürnberg vor den Kriegszerstörungen aussah

⊐ Der Idealtyp einer mittelalterlichen Stadt – kolorierter Stich aus der „Schedelschen Weltchronik“ von 1493

Nürnberg in Zahlen

- **Gegründet:** 1050 n. Chr. erste urkundliche Nennung
- **Einwohner:** 541.133 (2023)
- **Einwohner/km²:** 2902
- **Fläche:** 186,46 km²
- **Höhe ü. M.:** 309 m

063ng

eine romantische Szenerie für die Tiergehege.

Der weitläufige Landschaftspark mit der modernen Delphinlagune zählt zu den schönsten Anlagen seiner Art in Europa. Gleichzeitig markiert der Tiergarten den Übergang zum **Reichswald**, der das Stadtgebiet im Osten wie eine Klammer umschließt. Wie in der Altstadt wird auch hier vom Sebalder (nördlich der Pegnitz) und vom Lorenzer (südlich der Pegnitz) Reichswald gesprochen.

Im Norden und Süden schließen sich an die dicht bebauten Areale landwirtschaftlich genutzte Flächen an. Im **Süden** ging der dörfliche Charakter der Ortsteile weitgehend verloren. Es entstanden **Vorstadtsiedlungen** mit Ein- und Mehrfamilien- sowie Reihenhäusern.

Auch die fragwürdigen Städteplanungen der 1960er-Jahre haben ihre Spuren hinterlassen. Der Stadtteil Langwasser, am Reißbrett geplant mit Hochhäusern, Wohnblocks und Garagenhöfen, würde in dieser Form heute nicht mehr gebaut werden.

Im Gegensatz dazu ist die dörfliche Struktur im **Norden** stärker erhalten geblieben. Das intensiv landwirtschaftlich genutzte, ebene Gebiet zwischen Nürnberg, Fürth und Erlangen wird **Knoblauchsland** genannt. Täglich bringen die Landwirte ihre Gemüse, Salate und Früchte auf die Märkte der drei Städte. Verlässt man Nürnberg über die B4 in Richtung Erlangen und biegt dann nach links oder rechts ab, kann man sich angesichts der Bauernhöfe und Felder, z. B. in Höfles, Boxdorf, Kraftshof oder Neunhof, nicht vorstellen, keine 10 km vom Kern einer Halbmillionenstadt entfernt zu sein.

Im **Westen** ist Nürnberg schließlich übergangslos mit seiner Nachbarstadt Fürth zusammengewachsen. Aber das ist ein anderes Kapitel (s. S. 105).

Von den Anfängen bis zur Gegenwart

Nürnberg ist ein Produkt der Liebe. Na gut, das ist vielleicht etwas dick aufgetragen, aber es ist tatsächlich so, dass Kaiser Heinrich III. auf Wunsch eines gewissen Richolf die Leibeigene Sigena aus der Hörigkeit befreite, um eine Heirat der beiden zu ermöglichen. Geschehen und beurkundet ist die Geschichte am 16. Juli 1050 zu Noremberc, was gleichzeitig die erste urkundliche Erwähnung Nürnbergs darstellt.

Vor 12.000 Jahren: Im Herbst 2011 bringen Grabungsfunde in Gostenhof die Erkenntnis, dass das Tal der Pegnitz bereits vor 10.000 bis 12.000 Jahren besiedelt war. Bei diesen ältesten menschlichen Spuren handelt es sich um einen Steinschlagplatz, an dem die Menschen der Altsteinzeit Speerspitzen anfertigten.

Um 1050: Zur Zeit Sigenas ist Nürnberg vermutlich bereits seit einiger Zeit rund um den Burgberg besiedelt. Immerhin war die Siedlung groß genug für einen kaiserlichen Hoftag im Juli 1050. Wie so viele andere Siedlungen in diesem Raum liegt der Ursprung vermutlich in einem Königshof, der während der fränkischen Landnahme gegründet wurde. Mit dem Namen Heinrich III. ist der Beginn des Aufstiegs verbunden. Er überträgt Markt-, Münz und Zollrecht von der Nachbarstadt Fürth, die dem Stift Bamberg untersteht, auf Nürnberg (und damit dem eigenen Zugriff).

Ab 1070: Der Beginn der Sebaldusverehrung macht Nürnberg zum Ziel von Pilgerreisen, was sich auch wirtschaftlich auswirkt.

1138: Konrad III. aus dem Geschlecht der Staufer wird römisch-deutscher König. Er beginnt mit dem Ausbau der Burg zur späteren Kaiserburg und ernennt die Adelsfamilie Raabs zu seinen Statthaltern in der neuen Burggrafschaft Nürnberg. Außerdem gründet er eine Siedlung südlich der Pegnitz – die Keimzelle der Lorenzer Altstadt.

Ab 1152: Konrads Sohn Friedrich Barbarossa setzt den Ausbau zur Kaiserpfalz fort. Er bricht von Nürnberg aus zu seinem Kreuzzug ins Heilige Land auf, von dem er allerdings nicht zurückkehrt.

1192: Mit dem Aussterben der Raabser belehnt der nächste Stauferherrscher, Heinrich VI., das Geschlecht der Zollern mit dem Titel der Burggrafen von Nürnberg. Mit diesem Amt betreten die späteren Hohenzollern die Bühne der Geschichte.

1219: Friedrich II. stellt der Stadt Nürnberg den Großen Freiheitsbrief aus. Nürnberg ist dem Kaiser direkt unterstellt und erhält Privilegien wie das Münzrecht, die Zollfreiheit und die Selbstveranlagung der Reichssteuern. Durch diese Bevorzugung bilden sich Institutionen zur Selbstverwaltung der Stadt, die sich fortan als Freie Reichstadt bezeichnet.

1298: Erster Judenpogrom

1349: Zweiter Judenpogrom: Durch das Zusammenwachsen der beiden Stadtteile nördlich und südlich der Pegnitz rückt das sumpfige Gelände am Fluss, das man den Juden zugestanden hatte, in den Mittelpunkt der Stadt und der Interessen. Diverse Anschuldigungen führen zur Verurteilung und Verbrennung von 562 jüdischen Bürgern. Auf dem freigewordenen Bereich entstehen Hauptmarkt und Frauenkirche.

10. Januar 1356: Kaiser Karl IV. verkündet die Goldene Bulle.

29. September 1423: Kaiser Sigismund übergibt die Reichskleinodien „auf ewige Zeiten, unwiderruflich und unanfechtbar" der Stadt Nürnberg zur Aufbewahrung. Die prestigeträchtigen Objekte der kaiserlichen Macht bleiben bis zur Bedrohung durch Napoleon im Heilig-Geist-

KURZ&KNAPP

Die Goldene Bulle

Das Gesetzeswerk, benannt nach seinem goldenen Siegel, bildete für das römisch-deutsche Reich eine Art **Grundgesetz.** Es regelte die Wahl des Herrschers durch die sieben Kurfürsten. Die besondere Verbindung zu **Nürnberg** besteht nicht nur darin, dass es hier erarbeitet und verkündet wurde. Der neu gewählte Herrscher wurde auch verpflichtet, seinen ersten Reichstag in Nürnberg abzuhalten. Das **„Männleinlaufen“**, eine Kunstuhr an der Fassade der Frauenkirche, erinnert seit dem Jahr 1509 täglich um 12 Uhr an die Verkündung des Gesetzes. Figuren, die die sieben Kurfürsten darstellen, umrunden dreimal die größere Figur Karls IV. und huldigen ihm. Das von Jörg Heuss geschaffene mechanische Kunstwerk wurde zwischen 1657 und 1953 sechsmal überholt und renoviert.

023ng Abb.: bs

Spital, ehe sie nach Wien „in Sicherheit“ gebracht werden.

1427: Die Hohenzollern verkaufen den Burggrafentitel an den Rat der Stadt und konzentrieren sich auf die Herrschaft über ihre Markgrafschaften von Ansbach, Kulmbach (später Bayreuth) und Brandenburg. Alleiniger Herrscher der Stadt werden die Nürnberger Patrizier, die den Inneren Rat und den Großen Rat bilden.

1452: Vollendung der heutigen Stadtmauer

Ca. 1470–1530: Dieser Zeitraum gilt als Höhepunkt der Stadtgeschichte. Der (Reise-)Schriftsteller Friedrich Nicolai schreibt im 18. Jh., die Einnahmen Nürnbergs seien höher gewesen als die des gesamten Königreichs Böhmen. Der Fernhandel blüht, Nürnberger Handwerkswaren werden in die gesamte bekannte Welt exportiert, das Druck- und Verlagswesen boomt und Nürnberger Künstler erreichen den Höhepunkt ihres Schaffens. Der Begriff „des Reiches Schatzkästlein“ hat seinen Ursprung in diesem Zeitraum. Nürnberg hat ca. 30.000 Einwohner.

1529: Nürnberg deklariert sich protestantisch, was unter katholischen Habsburgerkaisern nicht politisch korrekt ist.

1618: Der Dreißigjährige Krieg beginnt. Vor Kriegsbeginn hat Nürnberg etwa 40.000 Einwohner. Belagerung (1632) und Pest (1634) dezimierten die Bevölkerung auf etwa ein Drittel dieser Zahl.

25. September 1649: Das Nürnberger Friedensmahl mit der offiziellen Unterzeichnung des Friedensvertrags zum Ende des Dreißigjährigen Kriegs wird im großen Rathaussaal abgehalten.

Das „Männleinlaufen“: täglich um 12 Uhr nimmt Kaiser Karl IV. die Huldigung der Kurfürsten entgegen

Die Nürnberger Patrizier

Zu den Patriziern gehörten zunächst die **Adeligen**, die meist in der Stauferzeit zu Ämtern in der Stadt gekommen waren. Später kauften sich die Familien, die durch Fernhandel, Finanzgeschäfte oder Bergbau zu **Reichtum** gekommen waren, in die Patriziergesellschaft ein. Für die Fernhändler erfanden die Nürnberger Bürger die Bezeichnung **„Pfeffersäcke"**. Mitglieder der **Handwerkszünfte** waren ebenfalls im Rat vertreten, jedoch nur als Minderheit.

Zunächst leitete die Patrizierherrschaft eine überaus positive Entwicklung für Nürnberg ein, da alle daran interessiert waren, Handel, Handwerk und die Stellung Nürnbergs im Reich zu verbessern. Die Familien wurden jedoch derart reich, dass Kleiderordnungen erlassen werden mussten, um die **Prunksucht** einigermaßen einzuschränken. Man baute sich edle Herrensitze, z. B. entlang der Pegnitz in Mögeldorf, und verlor das Interesse, sich um die Belange der Stadt und ums Tagesgeschäft zu kümmern. Nürnberg verlor durch den Fernhandel mit den Kolonien aufgrund der Binnenlage seine Bedeutung als Handelszentrum und niemand unternahm etwas dagegen. Die Folge war, dass Nürnberg bis zum Ende des Reiches 1806 hoffnungslos **verschuldet** war.

Ab 1650: Der Abstieg Nürnbergs beginnt: Die Gebiete rund um die Stadt sind nach dem Krieg verwüstet, der Rat beschäftigt sich nur noch mit sich selbst und verhindert den Zuzug von Auswärtigen. Der Stadtstaat isoliert sich selbst und ist zudem bereits verschuldet.

1791/95: Das Königreich Bayern okkupiert Gebiete östlich von Nürnberg (heute Teile der Oberpfalz), die Markgrafschaften Bayreuth und Ansbach gehen aufgrund der Hohenzollernherrschaft an Preußen. Der Einfluss Nürnbergs schrumpft weiter, die Stadt hat etwa 25.000 Einwohner.

1806: Am 11. März besetzten napoleonische Truppen die Stadt. Mit der Rheinbundakte vom 12. Juli, durch die 16 süddeutsche Staaten den Austritt aus dem Reich erklären, und der darauf folgenden Abdankung Kaiser Franz II. (6. August) endet das Heilige Römische Reich. Nürnberg verliert sowohl seine Unabhängigkeit als auch seinen höchsten Dienstherrn und wird dem Königreich Bayern einverleibt.

1808: König Maximilian I. von Bayern löst den Patrizierrat auf.

1810: Nach anti-bayrischen Unruhen wird Nürnberg dem Rezatkreis (seit 1837 Mittelfranken genannt) zugeordnet. Der Hauptverwaltungssitz ist – wie schmachvoll – die ehemalige Markgrafenresidenz Ansbach. Zur Tilgung der Schulden werden wertvolle Kunstwerke nach München verbracht. Hier liegen die Ursachen für die bis heute bestehenden fränkisch-bayerischen Zwistigkeiten.

19. Jh.: Trotz der gekränkten Nürnberger Seele wächst Nürnberg zum Industriezentrum Bayerns. Bekannte Namen dieser Zeit sind Theodor von Cramer-Klett (MAN) und Sigmund Schuckert, dessen Schuckert-Werke später mit Siemens fusionieren. Nürnberg wird von der Patrizierstadt zur Arbeiterstadt – der Begriff des „roten Nürnbergs" geht um, die Einwohnerzahl steigt auf über 100.000. Auf Betreiben des Kronprinzen und späteren Königs Ludwig I. wird Nürnberg zu einem Ort der Denkmalpflege.

Der Architekt Heideloff wird Generalkonservator der Nürnberger Kunstdenkmäler und gilt als Begründer des „Nürnberger Stils", einer Art Sandstein-Neugotik, passend für das Zeitalter des Historismus.

7. Dezember 1835: Die erste Eisenbahn in Deutschland fährt von Nürnberg nach Fürth.

19.–21. August 1927: Der dritte Reichsparteitag der NSDAP findet im Luitpoldhain statt und ist der erste dieser Art in Nürnberg. Ab 1933 finden in der Tradition der Nürnberger Reichstage des Heiligen Römischen Reiches alle Reichsparteitage auf dem erweiterten Gelände am Dutzendteich statt.

1933: Die Machtergreifung der Nazis führt zum Einsetzen eines NSDAP-Bürgermeisters. Der selbsternannte Frankenführer und Gauleiter Julius Streicher treibt es mit anti-jüdischen und anti-bürgerlichen Kampagnen sowie unverhohlener Selbstbereicherung derart widerwärtig, dass es selbst den Parteigenossen zu viel wird und sie ihn 1940 absetzen. 1946 wird er hingerichtet. Im Prozess hatte er behauptet, von der Vernichtung der Juden nichts gewusst und entsprechende Berichte nicht geglaubt zu haben.

15. September 1935: Die „Nürnberger Gesetze" (das „Gesetz zum Schutze des deutschen Blutes und der deutschen Ehre" und das „Reichsbürgergesetz") werden beim 7. Reichsparteitag verabschiedet. Sie regeln die Voraussetzungen, als Angehörige des deutschen Volkes anerkannt zu werden. Mit „Recht" haben die Gesetze nichts zu tun.

10. August 1938: Noch vor der Reichspogromnacht wird Nürnbergs Hauptsynagoge, 1874 im orientalischen Stil am Hans-Sachs-Platz erbaut, auf Anweisung von Julius Streicher abgerissen.

Zweiter Weltkrieg: Bei Kriegsbeginn leben etwa 420.000 Menschen in Nürnberg. Die Funktion als Stadt der Reichsparteitage und Sitz wichtiger Industrie- und Rüstungsfirmen machen Nürnberg zwischen 1940 und 1945 zu einem bevorzugten Ziel für Luftangriffe.

2. Januar 1945: Beim verheerendsten der zahlreichen Luftangriffe wird die Altstadt mit ihrer historischen Bausubstanz von über 500 Flugzeugen der Royal Air Force mit knapp 2500 t Spreng- und Brandbomben und dem daraus entstehenden Feuersturm nahezu komplett zerstört. Am 21. Februar und 16. März folgen weitere Großangriffe der US-Luftwaffe und der RAF mit schweren Zerstörungen in St. Johannis, Gostenhof und der Südstadt.

20. April 1945: Mit der Einnahme der Stadt durch US-Truppen am Geburtstag Hitlers hat der Bombenterror für die Zivilbevölkerung der geschundenen Stadt ein Ende und die Aufräumarbeiten begin-

gu990

Aufgenommen am 20. April 1945: Die Zerstörungen in der Nürnberger Altstadt sind gut zu erkennen.

nen. Noch heute tauchen bei Baumaßnahmen gelegentlich Blindgänger auf.

20. November 1945: Die „Nürnberger Prozesse" beginnen im Justizpalast an der Fürther Straße. Der Hauptprozess und die 12 Nachfolgeprozesse enden am 11. April 1949. Bedeutend sind die Prozesse für Nürnberg deshalb, weil der Name der Stadt jetzt auch wieder mit dem Begriff „Recht" in Verbindung steht. Auch bei der Entwicklung zur „Stadt des Friedens und der Menschenrechte" ist das Ereignis hilfreich.

1947: Das „Kuratorium für den Wiederaufbau Nürnbergs" einigt sich mit der Verwaltung auf eine „vereinfachte Rekonstruktion" der mittelalterlichen Stadtstruktur.

Nachkriegsjahre: Der Wiederaufbau schreitet zügig voran. Auch auf wirtschaftlichem Gebiet erholt sich die Stadt und bleibt ein bedeutender Industriestandort. 1950 findet die erste Spielwarenmesse statt, 1955 eröffnet der Flughafen und 1972 werden sowohl der Binnenhafen am Main-Donau-Kanal (1992 vollendet) als auch die U-Bahn eröffnet. Die Einwohnerzahl steigt auf über 500.000.

5. März 1981: Bei einer Spontandemonstration, ausgehend von linksautonomen Kreisen im Kommunikations- und Kulturzentrum KOMM, werden 141 Personen, darunter Minderjährige, von der Polizei eingekesselt und bis zu zwei Wochen in U-Haft gehalten. Alle Verfahren werden später eingestellt.

24. Oktober 1993: Eröffnung der Straße der Menschenrechte 29.

1995: Erstmalige Verleihung des Internationalen Menschenrechtspreises, der in zweijährigem Turnus unter weltweiter Beachtung vergeben wird.

2001: Das Dokumentationszentrum Reichsparteitagsgelände 50 wird eröffnet.

2008: Mit der U3 geht die erste vollautomatische, fahrerlose U-Bahn Deutschlands in Betrieb.

024ng Abb.: bs

2015: Der Abriss des Sitzes der Industrie- und Handelskammer fördert Funde zutage, die belegen, dass es im Bereich der Sebalder Altstadt lange vor der ersten urkundlichen Erwähnung eine Siedlung gab. Die Funde werden auf das 9. Jh. datiert. Außerdem fand man Keramik aus dem heutigen Syrien (12. Jh.).

2018: Mit der Bebauung des Augustinerhofs endet die jahrzehntelange Diskussion um ein innerstädtisches Filetstück. Die Fertigstellung erfolgt 2021.

2020: Wechsel im Nürnberger Rathaus: Am 1. Mai löst mit Marcus König erst der zweite Oberbürgermeister der CSU den beliebten Amtsvorgänger Ulrich Maly ab, der nicht mehr zur Wahl antrat. Am 28. Okt. scheitert Nürnbergs Bewerbung als Kulturhauptstadt Europas 2025.

2023: Für Aufsehen sorgt der Untersuchungsausschuss des Landtags, der angeblich zu hohe Mietzahlungen für das Zukunftsmuseum 9 und im Gegenzug erhaltene Parteispenden beleuchten soll.

Ein schlichtes Denkmal erinnert an die 1938 zerstörte Hauptsynagoge

Nämberch und Ferdd – ein spannendes Verhältnis

„Der Weg von Nürnberg nach Fürth ist zwar nur einen Schritt lang; wie weit die Städte voneinander entfernt sind, lässt sich aber nicht einmal in Kilometern messen", so umschreibt der in Nürnberg geborene Gründer des Fürther Geschichtsvereins, Dr. Adolf Schwammberger (1905–75), das Verhältnis der beiden Schwesterstädte. **Bildlich dargestellt** wird diese Situation durch das Denkmal für die Ludwigseisenbahn (heutiger Standort an der U-Bahn-Station „Bärenschanze" in der Fürther Straße [A4]). Die allegorischen Figuren **Norimberga** und **Furthica** werden durch die erste Eisenbahn in Deutschland verbunden, sitzen jedoch, sich gegenseitig ignorierend, Rücken an Rücken.

Die Frage, wodurch die **tiefverwurzelte Abneigung** zwischen den Bewohnern entstand, ist kompliziert und vielschichtig. **Fürth** ist älter als Nürnberg und gilt als fränkische Gründung mit der Keimzelle eines Königshofes am Zusammenfluss von Rednitz und Pegnitz, die ab hier die Regnitz bilden. Um die Jahrtausendwende erhielt aber die **militärisch günstigere Lage Nürnbergs** mit dem Burgberg höhere Bedeutung als die verkehrstechnisch interessantere Lage an einem schiffbaren Fluss. Begünstigt durch kaiserliche Privilegien nahm der Aufstieg Nürnbergs zum bedeutendsten **Wirtschafts- und Handelszentrum** des Reiches seinen Anfang. In Fürth dagegen stagnierte die Entwicklung nicht nur, es kam sogar – schlimmer geht es nicht mehr – unter Nürnberger (Teil-) Herrschaft. Bis 1792 wurde Fürth von drei „Herren" regiert, dem Bischof von Bamberg, dem Markgrafen von Brandenburg-Ansbach und dem Rat der Stadt Nürnberg.

Das strenge **Patrizier- und Zunftwesen** in Nürnberg trug einen weiteren Teil zur gegenseitigen Abneigung bei. Wer aus Nürnberg ausgewiesen wurde oder sich in der Freien Reichsstadt nicht ansiedeln durfte, der ging eben nach Fürth. So lebte in Fürth beispielsweise eine der größten jüdischen Gemeinden Deutschlands. Der Ex-US-Außenminister Henry Kissinger ist aus ihr hervorgegangen. 1922 stand sogar die Eingemeindung Fürths nach Nürnberg im Raum. 65 % der Fürther lehnten in einem **Volksentscheid** dieses abwegige Ansinnen ab.

Mit dem Aufstieg des **Fußballs** zum Volkssport entwickelte sich ein weiterer Schauplatz für Rivalitäten. Im Jahr 1914 holte die Spielvereinigung Fürth mit einem englischen Trainer die erste Deutsche Meisterschaft nach Franken. Es dauerte bis 1920, ehe der 1. FC Nürnberg mit einem 2:0-Sieg in Frankfurt gegen – genau – die SpVgg Fürth seinerseits die erste von neun Meisterschaften errang. Das über 250 Mal ausgetragene Lokalderby ist das älteste und traditionsreichste in Deutschland.

Heute wird die gegenseitige Ablehnung **nicht mehr ganz so ernst genommen.** Aber nach wie vor wird gerne gefrotzelt und mit Vorurteilen gespielt. Nürnberger gelten als überheblich und arrogant, Fürther als hinterwäldlerisch, kleingeistig und untalentiert beim Autofahren. Redet einer schlecht über Nürnberg, muss er sich schnell die Frage „Du bist wohl a Färdder?" anhören (und umgekehrt). Um den Namen der Nachbarstadt nicht in den Mund nehmen zu müssen, spricht man gerne, je nach Herkunft, von der „Ost-" bzw. „Westvorstadt".

Leben in der Stadt

Trotz der Größe des Stadtgebiets und seiner Einwohnerzahl ist Nürnberg überschaubar geblieben. Für die Lebensqualität spricht, dass die Stadt trotz des demografischen Wandels weiter wächst.

Das war nicht immer so. Anfang der 1970er-Jahre, als die Einwohnerzahl schon einmal die Halbmillionengrenze überschritten hatte, setzte der Trend zur **Stadtflucht** ein. Junge Familien bauten sich ein Haus vor den Toren der Stadt. Die Einwohnerzahl sank auf unter 470.000. Dieser **Trend** hat sich mittlerweile **umgekehrt**, denn das Angebot an Kultur, Einkaufs- und Freizeitmöglichkeiten und die Verbesserung der Infrastruktur haben die Attraktivität Nürnbergs gesteigert. Diese Entwicklung ist auch in den benachbarten Großstädten Fürth und Erlangen feststellbar.

Überraschend ist jedoch die Tatsache, dass Nürnberg als zweitgrößte Stadt Bayerns **kaum eine landespolitische Rolle** spielt. Einmal im Monat rückt der Name der Stadt in den Fokus der Nachrichtensender, nämlich dann, wenn die Statistiken zur Arbeitslosigkeit von der **Bundesagentur für Arbeit** veröffentlicht werden. Sie hat genauso in Nürnberg ihren Hauptsitz wie das **Bundesamt für die Anerkennung ausländischer Flüchtlinge.**

Mit dem **Heimatministerium** und dem **Ministerium für Gesundheit und Pflege** ist Nürnberg in den letzten Jahren im Rahmen des bayerischen Strukturausgleichs Sitz von zwei Ministerien des Freistaats geworden. Ansonsten steht Nürnberg als **kreisfreie Stadt** in der Verwaltungshierarchie praktisch auf der gleichen Stufe wie Bamberg oder Schwabach. Diese Tatsache geht vermutlich auf die Rolle Nürnbergs bei anti-bayerischen Unruhen nach der napoleonischen Neuordnung zurück. Dennoch sind sich alle Nürnberger ganz sicher, dass, sollten die Befürworter des Slogans „Frei statt Bayern" irgendwann einmal mehrheitsfähig sein, ihrer Stadt als wirtschaftlichem und kulturellem Zentrum ganz selbstverständlich die Rolle der Hauptstadt im Bundesland Franken zufallen wird. Allerdings sind die Nürnberger auch die einzigen, die sich in dieser Frage sicher sind.

Wahrscheinlich um diesen Mangel an verwaltungstechnischer Bedeutung zu kompensieren, unterhält die Stadt ein „Außenministerium" (Amt für internationale Beziehungen), das die Kontakte zu den zahlreichen **Partnerstädten** in aller Welt aufrechterhält.

Aber Fragestellungen zu Verwaltungsrang oder Partnerstädten bewegen sich abseits der Lebensrealität, da viele Nürnberger Sorge um ihren Arbeitsplatz haben. Der **Strukturwandel im produzierenden Gewerbe** bringt immer wieder Probleme mit sich, die die Stadt praktisch über Nacht vor vollendete Tatsachen stellen. Die letzten Beispiele waren die Schließung der Traditionsfirmen AEG und Quelle. Auch die Firmen Hercules, Grundig, Triumph-Adler oder Phillips, die große Werke unterhielten, sind verschwunden. Das Gelände der MAN wird immer wieder verkleinert. Es ist daher kein Wunder, dass sich die **Arbeitslosenzahlen** zwar unter dem Bundesdurchschnitt, doch über dem Bayerns bewegen. Auf den verlassenen Werksgeländen entstehen oft interessante, attraktive Gewerbeparks für innovative Start-up-Firmen.

Nach wie vor ist Nürnberg ein bedeutender **Standort** für Informations- und Kommunikationstechnologie, Markt- und Konsumforschung, Drucktechnik und Datenverarbeitung. Kräftig expandiert ist die **NürnbergMesse** im Süden der Stadt, nach eigener Aussage unter den Top Ten der europäischen Messegesellschaften. Als traditioneller **Fabrikationsort von Spielwaren** beherbergt die Stadt Nürnberg alljährlich die weltweite **Leitmesse** dieser Branche. Auch die kurz danach stattfindende **BioFach** hat sich zur Weltleitmesse (für Bio-Produkte) gemausert.

Streitfragen in der **Stadtpolitik** gibt es zuhauf und natürlich geht es dabei ums **Geld.** Mit dem Scheitern der **Bewerbung zur Kulturhauptstadt Europas 2025** entgehen dem Stadtkämmerer reichlich angekündigte Fördermittel für den Kulturbereich aus Bund und Land. Die Pläne zum Bau eines neuen Konzertsaals wurden praktisch umgehend beerdigt.

Allerdings ist das **Opernhaus** dringend sanierungsbedürftig, da – etwas überspitzt formuliert – sowohl die Bühnentechnik als auch der Brandschutz noch den baulichen Standards von 1905 entsprechen. Als Kosten für eine umfassende Sanierung werden hohe dreistellige Millionenbeträge bis hin zu einer Milliarde in den Raum gestellt. Da zuckt sogar der eher stoische Franke.

Außerdem braucht es für die Jahre der Sanierung eine passende **Ausweichspielstätte.** Die scheint gefunden: Man möchte einen Ersatzbau in die Freifläche der **Kongresshalle,** eines nie vollendeten Baus aus der Nazizeit, setzen. Die einen schreien „Frevel", den anderen gefällt die Idee, der Barbarei mit Kultur zu begegnen.

Teuer wird auch die geplante **Sanierung der Zeppelintribüne,** die nicht mehr als verkehrssicher gilt. Die Konfliktlinien reichen von „kontrolliertem Verfall" bis zu „Sanierung aus pädagogischen und dokumentarischen Gründen".

Und natürlich gibt es auch in Zeiten der **Klima- und Verkehrswende** ein Straßenbauprojekt, über das gestritten wird. Der unterirdische, kreuzungsfreie Ausbau der Stadtautobahn **Frankenschnellweg** gilt den einen als Lösung aller Verkehrsprobleme, den anderen als anachronistisches Millionengrab.

Ein Blick in die Statistik zeigt, dass in Nürnberg etwa 76 % deutsche Staatsbürger leben, davon mehr als ein Drittel mit Migrationshintergrund. Von den 24 % Ausländern kommen etwas mehr als die Hälfte aus Nicht-EU-Ländern. Die Statistik gibt leider

025ng Abb.: bs

Im Stadtteil Gostenhof funktioniert das Zusammenleben von Menschen unterschiedlicher Kulturkreise

keine Auskunft, wie viele Franken in Nürnberg leben und ob – Achtung: Ironie! – in Franken lebende Oberpfälzer, Niederbayern, Sachsen usw. unter die Rubrik „Deutsche mit Migrationshintergrund" fallen.

Der Anteil der **ausländischen Bevölkerung** in Nürnberg ist doppelt so hoch wie im Bundesdurchschnitt und wie es sich für die „Stadt des Friedens und der Menschenrechte" gehört, darf sie als weltoffen und tolerant bezeichnet werden. Natürlich gibt es aber auch in Nürnberg **soziale Konflikte** und Problemviertel. Dies mit ethnischen Gründen in Verbindung zu bringen, wäre aber vollkommen falsch. Gerade Gostenhof, lange Jahre ein Stadtteil im Teufelskreis der schlechten Bausubstanz, niedrigen Mieten, Zuzug sozial Schwacher usw. mausert sich zu einem interessanten Viertel für alle Bevölkerungsschichten. Das **Zusammenleben** der Menschen unterschiedlicher kultureller Herkunft entwickelt sich vorbildlich. **Multikulti** funktioniert und inspiriert, wenn die Menschen es wollen. Probleme gibt es eher in Vierteln, in denen die **Verlierer des Strukturwandels** wohnen. Bewohner alter Arbeitersiedlungen, in denen hohe Arbeitslosigkeit, sozialer Abstieg und Existenznöte herrschen, werden anfällig für extreme politische Ansichten und „einfache Lösungen". Die ethnische Zusammensetzung des Viertels spielt dabei keine Rolle.

Der Franke ist kein emotionaler Vulkan, es sei denn der Club (s. S. 64) hat gerade das Siegtor erzielt. Er ist ein zunächst schweigsamer, bedächtiger, etwas spröder und doch harmoniebedürftiger Mensch, der etwas Zeit braucht, um „aufzutauen". Zum fränkischen Wesen gehört dennoch eine gewisse Direktheit und der Franke äußert offen seine Meinung. Außerdem ist er mit trockenem Humor und feiner Ironie gesegnet und schreckt nicht davor zurück, sich selbst auf die Schippe zu nehmen.

Besonders Gelungenes wird euphorisch mit einem „Bassd scho!" gefeiert, was bei der passenden Betonung und Gesichtsmimik Ausdruck höchsten fränkischen Lobs sein kann. Angeberei, Effekthascherei und Groß-

026ng Abb.: bs

kotzigkeit sind diesem Menschenschlag fremd. Stattdessen trifft die Redewendung „frank und frei“ die fränkische Seele. Man ist stolz auf seine Region, die Produkte des Landes und die glorreiche Vergangenheit.

Dabei stehen die Franken Fremden durchaus offen, freundlich und neugierig gegenüber – solange man sie nicht als Bayern bezeichnet. Man fährt auch gerne selbst in die Fremde, um die Welt kennenzulernen, nur um genauso gern wieder nach Hause zurückzukommen, mit der Gewissheit, dass es ein Schäufele und ein „g'scheids“ Bier nur „derhamm“ gibt. Was aber nicht heißt, dass man nicht die kulinarischen Feinheiten der besuchten Region kennenlernen würde.

Kurzum, der Franke ist ein durchaus **liebenswerter Mensch mit Ecken und Kanten.** Fragen, welchen Eindruck er auf andere macht, beantwortet er wie immer kurz und knapp: „Des is mir worschd!“

Natürlich kommt man mit „bassd scho“, „mir woschd“ und ähnlich kurz angebundenen Sprüchen im Dienstleistungsgewerbe nicht weit. Das wissen glücklicherweise auch die Nürnberger und daher hat sich der **Tourismus** positiv entwickelt. Nürnberg ist das perfekte Ziel für die klassische Wochenendstädtereise. Daneben kommen Tagesausflügler, die ihren Urlaub in der Fränkischen Schweiz oder dem Seenland verbringen. Der Klassiker schlechthin ist die Busreise zum Christkindlesmarkt (s. S. 94). Aus dem Geschäftsbericht der Congress- und Tourismuszentrale geht hervor, dass mit dem Neustart des Tourismus im April 2022 wieder über 3 Mio. Übernachtungen in Nürnberg gezählt wurden, davon 2,1 Mio. von deutschen Gästen. So wurden wieder die Zahlen vor der Pandemie erreicht. Besonders beliebt ist Nürnberg bei Menschen aus den USA, Italien und Österreich.

Die massigen Tortürme, hier der Spittlertorturm [D/E5], sind ein Markenzeichen der Stadt

Kunstinstallation vor dem Neuen Museum 27, in dessen Fassade interessante Spiegelungen sichtbar werden

102ng Abb.: bs

Das Regenbogen-Präludium – eine Provinzposse?

Just am Tag des Urteils, welche deutsche Stadt 2025 **Europäische Kulturhauptstadt** sein wird, dem 28.10.2020, tauchte das **Regenbogen-Präludium** auf. In einer Nacht-und-Nebel-Aktion hat ein bis heute anonymes **Nürnberger Künstlerkollektiv** die **Regenbogenfarben auf der Zeppelintribüne** (51) aufgemalt und die Stadt in höchste Aufregung versetzt.

Offensichtlich von der Gleichzeitigkeit des Scheiterns im Wettlauf um den Kulturhauptstadt-Titel und der überraschenden Kunstaktion überfordert, wurde Strafanzeige erstattet, die Farbe sofort mittels Dampfstrahlern entfernt und das Künstlerkollektiv zum kreativen Dialog eingeladen. Dass sich aufgrund des Strafverfahrens (das relativ schnell eingestellt wurde) niemand zum kreativen Dialog gemeldet hat, überrascht kaum.

Es war aber auch eine vertrackte Situation! Einerseits sei es ein Unding, ein denkmalgeschützes, historisches Bauwerk möglicherweise irreparabel zu beschädigen. Andererseits sei es „das Beste an Kunst, was seit langen Jahren auf dem Reichsparteitagsgelände stattgefunden hat", so die Sprecherin für Denkmalpflege der Grünen Landtagsfraktion, Sabine Weigand. „Im Ergebnis handelt es sich um die perfekte ‚Entweihung' eines Nazi-Bauwerks." Ein Täterort wurde mit dem Symbol für Diversität umgedeutet. Fackelzüge oder Selfies von Neonazis vor der Zeppelintribüne wären damit kaum vorstellbar.

„Solche Aktionen bedürfen der Absprache und müssen mit dem Denkmalschutz vereinbar sein", sagt Julia Lehner, Kulturbürgermeisterin. Die Entfernung der Farbe sei erforderlich gewesen, um einen nachhaltigen Schaden am Denkmal abzuwenden.

Solche Aktionen mit der Verwaltung abzusprechen, widerspräche natürlich den Prinzipien der Guerilla-Kunst. Das Künstlerkollektiv betonte, die Farben bewusst ausgesucht zu haben, um Schäden am Kalkstein auszuschließen. Die Streifen wären ohnehin mit der Zeit verschwunden. Zurück bleibt ein schaler Beigeschmack der Provinzialität.

Zumindest bot die Aktion und der Umgang damit Denkanstöße, die für die anstehende Sanierung der Zeppelintribüne hilfreich sein können. Die Entwertung des Bauwerks als Symbol für NS-Ideologie ist ein sinnvolles Ziel. Der Beweis, dass so etwas gelingen kann, ist die zum Dokumentationszentrum umgewidmete Kongresshalle (s. S. 61).

⊡ *Die Zeppelintribüne leuchtet in Regenbogenfarben*

123ng Abb.: Ben Heinrich

PRAKTISCHE REISETIPPS

131ng Abb.: ©Markus Mainka (www.aviation-stock.de), stock.adobe.com

An- und Rückreise

Mit dem Flugzeug

Der **Albrecht Dürer Flughafen Nürnberg** [c/d–h] liegt **im Norden der Stadt** im Knoblauchsland. Er ist mit der **U-Bahn** zu erreichen. Von der Endstation der U2 am Flughafen erreicht man in nur 13 Minuten den Nürnberger Hauptbahnhof.

Die beiden wichtigsten **Fluggesellschaften**, die Nürnberg ansteuern, sind Lufthansa und der irische Billigflieger Ryanair. Es gibt täglich Direktverbindungen aus vielen europäischen Metropolen. Regelmäßige Verbindungen halten u. a. British Airways, SwissAir, KLM, Air France, Vueling, Corendon Airlines und WizzAir.

› www.airport-nuernberg.de

Mit dem Zug

Nürnberg ist ein **Eisenbahnknotenpunkt** und aus fast allen Richtungen mit dem ICE gut zu erreichen. Lediglich schnelle Verbindungen in Richtung Baden-Württemberg und Prag sind etwas dünner geraten.

Der **Hauptbahnhof** 36, direkt an der Altstadt gelegen, ist der Verkehrsknoten der Region. Von hier fahren alle S- und Regionalbahnen ins Umland, die drei Nürnberger U-Bahnen treffen sich unter dem Bahnhof und auf dem Bahnhofsplatz halten einige Straßenbahnlinien.

Vorseite: Das Konterfei Albrecht Dürers (s. S. 22) ziert die Glasfassade des nach dem Sohn der Stadt benannten Nürnberger Flughafens

Vom Flughafen gelangt man bequem mit der U-Bahn in die Stadt

Mit dem Bus

Einen Steinwurf vom Hauptbahnhof 36 entfernt liegt der **Zentrale Omnibusbahnhof (ZOB).** Nürnberg ist sowohl an das internationale als auch an das deutsche **Fernbusnetz** angeschlossen. Der ZOB ist auch die Anlaufstelle von **Charterbussen**, spielt jedoch im öffentlichen Nahverkehr Nürnbergs keine Rolle.

•139 [H5] **ZOB Nürnberg,** im Adcom-Center, Käte-Strobel-Str.

Mit dem Auto

Drei Autobahnen führen an Nürnberg vorbei und schneiden sich im Osten der Stadt. Die **A3** (Würzburg – Regensburg), die **A6** (Heilbronn – Prag) und die **A9** (Berlin – München) sorgen für eine reibungslose Anreise per Pkw.

Mitten durch das Stadtgebiet führt die **A73**, der „Frankenschnellweg“ vom Autobahndreieck Feucht nach Bamberg. Die A73 wird im Zentrum jedoch durch drei Ampelkreuzungen unterbrochen, was diese Verbindung für den Durchgangsverkehr unattraktiv und zur Hauptverkehrszeit zu einem Stauschwerpunkt macht. Der kreuzungsfreie Ausbau ist das umstrittenste Verkehrsprojekt der Stadt.

Von allen **Autobahnausfahrten** führen Hauptverkehrsstraßen ins Zentrum.

Autofahren

Das Autofahren in Nürnberg ist **unkompliziert.** Zu den üblichen Zeiten des **Berufsverkehrs** herrscht aber auch hier dichter Verkehr.

In einem der Altstadt-Parkhäuser findet man in der Regel einen **Park-**

platz. Schwierig kann die Situation **samstagvormittags** werden, wenn die Menschen aus dem Umland zum Einkaufen in die Stadt kommen. Parken in den Straßen ist meist kostenpflichtig oder für Anwohner reserviert.

Nürnberg verfügt über ein **Parkleitsystem.** Zur Vermeidung von Durchgangsverkehr ist die Altstadt zusätzlich in **5 Zonen** unterteilt. Das Wechseln der Zone innerhalb der Altstadt ist mit dem Pkw aufgrund von Sperrungen nicht möglich. Die **Parkhäuser** in und um die Altstadt sind in den Leitfarben der Zonen ausgeschildert, wobei auch die Anzahl der freien Parkplätze angezeigt wird. Man kann auch eine App nutzen (s. S. 144).

Wer mit dem Auto anreist, ist gut beraten, es am Hotel stehenzulassen und den **öffentlichen Nahverkehr** zu nutzen. Die Ziele in der Innenstadt sind außerdem problemlos zu Fuß zu erreichen. Einige Parkhäuser:

- P140 [F3] **Parkhaus Hauptmarkt,** Augustinerstr. 4, geöffnet: tgl. 0–24 Uhr, 2 €/Std., max. 18 €/Tag, 500 Parkplätze, Kfz-Serviceleistungen möglich
- P141 [H4] **Parkhaus Karstadt,** Vordere Insel Schütt, geöffnet: tgl. 0–24 Uhr, 2 €/Std.max. 18 €/Tag, 365 Parkplätze
- P142 [G4] **Parkhaus Katharinenhof,** Katharinengasse 14, geöffnet: tgl. 0–24 Uhr, 2 €/Std., max. 18 €/Tag, 450 Parkplätze
- P143 [E4] **Tiefgarage Wöhrl,** Karl-Grillenberger-Str. 1a, geöffnet: tgl. 0–24 Uhr, 2 € für die 1. Std., danach 1,50 €/Std., max. 20 €/Tag, 441 Parkplätze

Autovermietungen

Nürnberg verfügt über zahlreiche Autovermietungen. Am **Flughafen** (s. S. 112) unterhalten alle großen Firmen Büros und Anmietstellen. Die Übernahme eines Wagens dort ist die einfachste Möglichkeit. Es gibt aber auch kleinere, **lokale Anbieter** in der Stadt verteilt, bei denen eine vorherige Reservierung auf jeden Fall sinnvoll ist.

Wohnmobile

Kostenlose **Wohnmobil-Stellplätze** sind ausgewiesen, Ver- und Entsorgungsmöglichkeiten sind jedoch nicht vorhanden, wohl aber Anschlüsse an den öffentlichen Nahverkehr.

- •144 [ei] **Nordufer Wöhrder See,** Dr.-Gustav-Heinemann-Str. 50, 8 Stellplätze, Bus 43/45 „Heinemannbrücke“
- •145 [dk] **Volkspark Dutzendteich,** Münchener Str./Alfred-Hensel-Weg, 8 Stellplätze, U1/U11 „Bauernfeindstraße“
- •146 [di] **Volkspark Marienberg,** Kilianstr. 189–195, 8 Stellplätze, Bus 46 „Marienbuck“

Natürlich gibt es auch Stellplätze im **KNAUS Campingpark** (s. S. 130) mit kompletter Infrastruktur, allerdings nur gegen Entgelt.

Barrierefreies Reisen

Rollstuhlfahrer haben es nicht leicht in Nürnberg, da an einigen Stellen **Kopfsteinpflaster** für Mühsal bei der Fortbewegung sorgt, wobei auch immer mehr geglättete Streifen in der Altstadt angelegt werden. Insbesondere der Weg vom Hauptmarkt hoch zur Burg ist kein Vergnügen. Aber hier gibt es eine Alternative: Man erreicht die Burg auch über den Vestnertorgraben von Norden her.

Die Congress- und Tourismuszentrale bietet unter dem Slogan **„Nürnberg barrierefrei erleben“** eine Reihe von **Führungen** an, die sich an Menschen mit bestimmten Beeinträchtigungen richten und die auf ihrer **Website** beschrieben sind.

Außerdem liegen im Bereich „Informieren“ unter dem Menüpunkt **„Reisen für alle“** einige Dokumente zum Download bereit, insbesondere ein ausführlicher barrierefreier Gastroguide, Standorte barrierefreier Toiletten und Infos zu induktiven Höranlagen.

› https://tourismus.nuernberg.de/informieren/reisen-fuer-alle

Besonders hervorhebenswert ist die Internetseite **NürnbergMobil**, die vom Verkehrsbetrieb VAG und der Congress- und Tourismuszentrale unterhalten wird. Hier sind zahlreiche wertvolle Informationen, insbesondere für mobilitätseingeschränkte Menschen, zusammengetragen, z. B. für Rollstuhlfahrer geeignete Hotels oder die Zugänglichkeit von Sehenswürdigkeiten.

› www.nuernbergmobil.de

Beide Internetseiten werden stetig erweitert, um Gästen mit Einschränkungen möglichst viele Informationen vorab zu Verfügung stellen. Und natürlich helfen die Mitarbeiter der Tourist Information (s. S. 116) gerne.

Fundbüro

Für Verluste oder Funde im Stadtgebiet Nürnberg sowie im Bereich des ÖPNV sind die folgenden Stellen zuständig:

- •147 [G7] **Fundbüro Nürnberg,** Siebenkeesstr. 4, U1 oder Straßenbahn 4/8 „Aufseßplatz“, Tel. 81009770, www.fundbuero-nuernberg.de, geöffnet: Mo., Di. 9.30–16, Do. 9.30–18, Fr. 9.30–12.30 Uhr, geschlossen: Mi.
- •148 [G6] **Fundservice der Deutschen Bahn AG,** direkt im Hauptbahnhof/Untergeschoss West, Tel. 0900 1990599, geöffnet: Mo.–Fr. 7.30–19, Sa. 9–13 und 13.30–16.15 Uhr. Bei Verlusten und Funden im Bereich der Deutschen Bahn.

Geldfragen

Während der **Spielwarenmesse** (Ende Januar/Anfang Februar) und der **BioFach** (Mitte Februar) kann das Preisniveau im Beherbergungsbereich stark ansteigen, aber zu diesen Zeiten findet man in der Stadt und im Umland ohnehin nur schwer ein Zimmer.

Ansonsten entspricht das **Preisniveau** in Nürnberg dem **großstädtischen Durchschnitt** in Deutschland. Sicherlich ist nach oben vieles möglich, aber sowohl in den meisten Gaststätten und Restaurants als auch in den Hotels der Stadt blättert man im Vergleich zu München oder Frankfurt wesentlich weniger auf den Tresen.

Für einen Aufenthalt sollte man mit mindestens 140 € pro Person und Tag rechnen. In dieser Summe berücksichtigt sind Übernachtungskosten von 60 € pro Person im Doppelzimmer, 50 € für Verpflegung, eine VGN-Tageskarte und pauschal 30 € für Eintrittsgelder.

Nürnberg preiswert

Die Congress- und Tourismus-Zentrale Nürnberg hat sich ein besonders attraktives Angebot einfallen lassen: die **Nürnberg Card.** Zum Preis von 33 € pro Person erhält der Inhaber für zwei Tage freien Eintritt in die Museen von Nürnberg und Fürth. Inbegriffen ist die kostenlose Nutzung der öffentlichen Verkehrsmittel in beiden Städten. Voraussetzung für den Erwerb der Karte ist mindestens eine Übernachtung in Nürnberg oder Fürth.

Erhältlich ist sie bei Buchung eines Hotels über die Tourismus-Organisationen beider Städte, vor Ort bei der Tourist Information (s. S. 116), der Flughafeninformationen, vielen Hotels oder am Campingplatz oder online unter www.tourismus.nuernberg.de (Menü „Buchen"/„NürnbergCard"). Kinder unter 6 Jahren erhalten ihre Nürnberg Card kostenlos, Kinder im Alter von 6 bis 11 Jahren zahlen 11 €, sofern mindestens eine reguläre Karte erworben wird.

Ein „Umsonst-und-draußen"-Höhepunkt ist das **Bardentreffen** (www.bardentreffen.de), das immer am ersten Wochenende der bayerischen Sommerferien stattfindet. Auf sieben Hauptbühnen in der Innenstadt wird musiziert (Liedermacher, Weltmusik), dazu sind viele Straßenmusikanten unterwegs. Die komplette Veranstaltung von Freitag bis Sonntag ist kostenlos.

Ebenfalls freien Eintritt gibt es beim **Klassik Open Air** an zwei Sommerabenden Ende Juli und Anfang August im Ludwigshain. Es spielen die Nürnberger Symphoniker bzw. die Nürnberger Philharmoniker (www.klassikopenair.de).

Der **Verkehrsverbund Großraum Nürnberg (VGN)** bietet als besonderes Angebot für eine Person das Tages-Ticket-Solo für 9 € und für bis zu sechs Personen (max. 2 Erwachsene) das Tages-Ticket-Plus für 13,30 € an. Beide Preise gelten für die Nutzung im Stadtgebiet Nürnberg-Fürth. Ein am Samstag gekauftes Ticket gilt auch am Sonntag. Die Tickets gibt es am Automaten und im Onlineshop unter www.vgn.de.

Preiswert essen und trotzdem nicht auf eine lokale Spezialität verzichten ist in Nürnberg immer möglich: **Drei im Weggla** (s. S. 73) gibt es in der Innenstadt zuhauf.

125ng Abb.: bs

Informationsquellen

Infostellen

Zentral vor Ort findet sich die Touristinfo gleich am Hauptmarkt (12):

149 [F3] **Tourist Information am Hauptmarkt,** Hauptmarkt 18, Tel. 0911 23360, geöffnet: tgl. 9.30–17 Uhr, während des Christkindlesmarktes tgl. 9.30–18.30 Uhr

Kartenvorverkauf

Über Veranstaltungen sollte man sich am besten vorab im Internet informieren. Die meisten Vorverkaufsstellen bieten Onlinereservierungen an.

› **Heimspiele 1. FCN** im Online-Ticket-Shop (www.fcn.de/tickets), im Clubhaus (s. S. 89) oder im Fanshop beim Club-Museum (s. S. 65)

› **Heimspiele der Ice Tigers und des HC Erlangen** im Kundencenter auf der Nordseite der Arena Nürnberg (53) (Kurt-Schmidtpeter-Str. 11) und bei NN-Ticket-Corner (s. links) oder über die Website der Vereine.

•150 [G5] **NN-Ticket-Corner,** Mauthalle, Hallplatz 2, Tel. 2162777, https://tickets.nordbayern.de, geöffnet: Mo.–Fr. 10–18 Uhr, Sa. 10–13 Uhr

(37) [F6] **Staatstheater Nürnberg.** Tickets für Openhaus, Schauspielhaus und Kammerspiele.

› **Stadt Nürnberg Kultur Information im Künstlerhaus,** Tel. 23114000, www.kunstkulturquartier.de. Tickets für städtische Kunst- und Kultureinrichtungen.

Die Tourist Information am Hauptmarkt ist die erste Anlaufstelle für alle, die touristische Informationen, Pläne oder sonstige Hilfestellungen benötigen

Nürnberg im Internet

- **https://tourismus.nuernberg.de:** Website der Congress- und Tourismuszentrale mit vielen Informationen rund um einen Nürnbergbesuch.
- **www.nuernberg.de:** offizielle Internetpräsenz der Stadt mit Infos zu Verwaltung, Tourismus, Kultur und Wirtschaft
- **www.vgn.de:** alle Informationen zum öffentlichen Personennahverkehr im gesamten Verbundgebiet, inkl. Onlinetickets
- **www.nordbayern.de:** das Nachrichtenportal der beiden großen Tageszeitungen Nürnberger Nachrichten und Nürnberger Zeitung mit ihren Regionalblättern
- **www.uni-erlangen.de** und **www.th-nuernberg.de:** die Websites der Friedrich-Alexander-Universität Erlangen-Nürnberg und der Technischen Hochschule Nürnberg Georg Simon Ohm
- **www.christkindlesmarkt.de:** die Adresse sagt alles (mit kleinem Fränkisch-Wörterbuch).
- **www.bluepingu.de:** der Regionallotse zu ökologischen, fairen und/oder lokalen Angeboten in der Region Nürnberg, für alle, die etwas „fairändern" wollen
- **www.curt.de/nbg:** Stadtmagazin mit aktuellen Informationen aus Kultur, Subkultur, Nachtleben und Gastronomie
- **www.gaycon.de:** Infos zum schwul-lesbischen Leben in Nürnberg

MEIN TIPP

Zeitungs-Café Hermann Kesten

Etwa 20 regionale, überregionale und internationale Zeitungen warten im **Zeitungs-Café Hermann Kesten** (s. S. 82) in der Zentralbibliothek auf interessierte Leser. Im Kreuzgang des ehemaligen Klosters bei einer Tasse Kaffee, hausgemachtem Kuchen oder einem Teller Suppe etwas zu lesen, sorgt während der anstrengenden Stadtbesichtigung für ein gutes Maß Entspannung. Der Namensgeber des Cafés war ein in Nürnberg geborener **Schriftsteller**, der 1940 in die USA emigrierte und von 1972 bis 1976 Präsident des P.E.N.-Clubs war.

055ng Abb.: bs

Meine Literaturtipps

- **„Das Perlenmedaillon“**, Sabine Weigand, Krüger Verlag, Frankfurt, 2006. Die promovierte Historikerin führt den Leser in die Blütezeit Nürnbergs und es gelingt ihr mit profunder Fachkenntnis und sprachlicher Gewandtheit, den Alltag lebendig werden zu lassen. Die Patriziertocher Helena wird gegen ihren Willen mit Konrad aus einer neureichen Kaufmannsfamilie verheiratet. Die Ehe scheitert und Helena versucht das Undenkbare: vor dem Rat der Stadt die Scheidung durchzusetzen. Das Schicksal der Helena wie auch viele Details aus dem spätmittelalterlichen Leben sind historisch belegt und in eine ergreifende Geschichte verpackt.
- **Der Club,** Christoph Bausenwein, Harald Kaiser, Bernd Siegler, Verlag Die Werkstatt, Göttingen 2018. Die umfassende Darstellung der Geschichte des 1. FC Nürnberg mit großartigen Siegen und dramatischen Abstürzen ist sowohl in dokumentarischer und statistischer wie auch journalistischer Form aufbereitet und mit zahlreichen Anekdoten und Fotos unterlegt. Das Buch endet mit den letzten Aufstiegshelden. Wie die Chronik fortgesetzt wird, wird die Zeit zeigen.
- **„Der Jude und das Mädchen“**, Christiane Kohl, Goldmann Verlag, München, 1997. Das Schicksal des jüdischen Kaufmanns Leo Katzenberger, der der „Rassenschande“ angeklagt wird, ist Gegenstand des Buches. Die Autorin zeichnet ein erschreckendes Bild vom Nürnberg der Nazi-Zeit, als Denunziantentum und Rassenwahn herrschten und geltendes Recht mit Füßen getreten wurde. Das Buch ist nur gebraucht erhältlich.
- **„Dürers Mätresse“**, Jan Beinßen, ars vivendi Verlag, Cadolzburg, 2005. Der Leiter des Fremdenverkehrsamts wird ausgerechnet während der Eröffnung des Christkindlesmarkts tot aus der Pegnitz gefischt. Der finanziell klamme, aber neugierige Fotograf Paul Flemming setzt sich auf die Spur des Täters. Aber was hat Albrecht Dürer mit dem Mord zu tun? Dies ist der erste Fall einer pfiffigen Krimireihe mit viel Lokalkolorit.
- **„Mein Nürnberg-Buch“**, Klaus Schamberger, ars vivendi Verlag, Cadolzburg, 2010. Der in ganz Franken bekannte Journalist und Autor witziger (Mundart-)Kolumnen zeigt sich hier ungewohnt ernst und schwermütig. In seinen Geschichten über das Leben in Nürnberg in all seinen unterschiedlichen Facetten entpuppt er sich als Kenner der nürnbergisch-fränkischen Seele.
- **„Oskar und das Geheimnis der verschwundenen Kinder“**, Claudia Frieser, dtv junior, München, 2007. Oskars Opa hat seinem Enkel ein Schlupfloch für Reisen in die Vergangenheit hinterlassen. Seine erste Reise führt ihn in seine Heimatstadt Nürnberg im Jahr 1488. Er freundet sich mit einem Jungen namens Albrecht an, der ihm stolz sein mit Silberstift gezeichnetes Selbstporträt zeigt. Im Schnelldurchgang lernt Oskar die Lebensrealität des ausgehenden Mittelalters kennen. Außerdem erfährt er, dass immer wieder Kinder verschwinden. Zusammen mit Albrecht versucht er, das Rätsel zu lösen. Eine spannende Spurensuche für Kinder ab 10.

Publikationen und Medien

Stadtpläne

Im Buchhandel gibt es von allen großen Verlagen Stadtpläne von Nürnberg. In den Hotels findet man werbefinanzierte Stadtpläne unterschiedlicher Qualität. Kostenlose Stadtpläne mit den wichtigsten Infos zu touristischen Inhalten sind bei der Tourist Information (s. S. 116) erhältlich.

Zeitungen und Magazine

Aus dem Verlag Nürnberger Presse kommen die beiden großen Tageszeitungen der Region, die **Nürnberger Nachrichten** und die **Nürnberger Zeitung**. Zusammen mit den angeschlossenen Lokalredaktionen erreichen beide Blätter rund 780.000 Leser in Mittelfranken, Oberfranken und der Oberpfalz.

In Kneipen, Cafés und Kinos liegt kostenlos der „**Doppelpunkt**" aus. Das kleine, werbefinanzierte Heftchen mit Tipps zur Kultur in Nürnberg, Fürth und Erlangen erfreut sich bereits seit Jahrzehnten größter Beliebtheit.

Das **Stadtmagazin Curt** (www.curt.de) bezeichnet sich selbst als „das wichtigste Kulturmagazin und die höchstfrequentierte Magazin- und Event-Website der Stadt". Auf der Website und in der gedruckten Ausgabe erfährt man Aktuelles aus den Bereichen Kunst, Kultur, Design, Bühne, Nachtleben, Gastronomie, Lifestyle und Sport sowie über Stadtgeschehen und Stadtentwicklung.

Seit 2019 erscheint das Lifestyle-Magazin **Excudit** (www.excudit-magazin.de) als Printprodukt und online. Es berichtet über Persönlichkeiten, Geschäftswelt und Veranstaltungen nicht nur in Nürnberg, sondern auch in der Region.

LGBT+

Dass sich das Szeneleben der Metropolregion auf Nürnberg konzentriert, hat durchaus historische Gründe. Schon Ende des 19. Jahrhunderts konnte man in Nürnberg als Schwuler etwas freizügiger leben, weshalb man aus dem Umland entweder in die Stadt pilgerte oder nach der Arbeit einfach etwas länger blieb.

Als „Stadt der Menschenrechte" ist Nürnberg Mitglied im **Rainbow Cities Network**, einem internationalen Netzwerk von Städten, die es sich zur Aufgabe gemacht haben, sich für Diskriminierungsfreiheit und Chancengleichheit von LGBT-Menschen einzusetzen. Höhepunkt des schwullesbischen Jahres in Nürnberg mit großer Außenwirkung ist der **Christopher Street Day**, der jedes Jahr am ersten Augustwochenende am Jakobsplatz 30 gefeiert wird. Seit 2018 wird der CSD ergänzt durch den Dyke March für lesbische Sichtbarkeit. Den national und international beachteten Schlusspunkt des schwulen Jahres prägt dann das Ledertreffen des Nürnberger Lederclubs NLC (www.nlc-nuernberg.de), der jeweils auf das 2. Adventswochenende fällt. Dazu gehört auch die Premiere des jährlichen Theaterstückes in fränkischer Mundart, das die Theatergruppe „Schlampenlichter" aufführt (https://home.schlampenlichter.org).

Unter dem Namen „Anne will tanzen" organisiert eine lesbische Gruppe sehr gute Partys, die allerdings recht unregelmäßig stattfinden. Anfang März zum Internationalen Frauentag bildet der „Frauenball" einen sehr gut besuchten Höhepunkt des lesbischen Jahres.

Auftrieb erhielt die Nürnberger Queer-Comunity 2018 durch das

Outing der Landtagsabgeordneten **Tessa Ganserer**, die seit 2021 erste Transgender-Person im Deutschen Bundestag ist.

Weitere Informationen gibt es im queeren Onlinemagazin www.gaycon.de. Beispielsweise wird in regelmäßigen Abständen zum „Pub Crawl" mit Gleichgesinnten durch Kneipen und Bars eingeladen.

151 [E6] **Fliederlich e. V.,** Sandstr. 1, Tel. 4234570, www.fliederlich.de. Seit 1978 engagiert sich der zunächst schwule, später dann schwul-lesbische Verein Fliederlich e. V. sowohl politisch als auch auf der Beratungsebene.

› **Golden Girls Nürnberg,** www.goldengirls-nuernberg.de. Lesben haben sich in der Gruppe Golden Girls Nürnberg organisiert (Zielgruppe 40+).

› **Rosa Panther Schwul-Lesbischer Sportverein Nürnberg e. V.,** Tel. 0174 8485891, www.rosapanther.de. Für die sportliche Betätigung – auch für Gäste – bietet sich der Verein Rosa Panther an.

Treffs

152 [G5] **Bar59,** Johannesgasse 59, Tel. 93297511, www.bar59.de, geöffnet: Fr., Sa. und vor Feiertagen 19–mind. 2 Uhr. Scherzhaft bezeichnet sich die Bar selbst als „der Ort, vor dem Dich Mutti immer gewarnt hat!" Kleine Szenebar für tolerantes Partyvolk jeden Alters.

153 [G5] **Cartoon,** An der Sparkasse 6, Tel. 227170, geöffnet: Di.–Do. 16–1, Fr., Sa. 12–3, So., Fei. 14–24 Uhr. Beliebter Treffpunkt bei Schwulen und Lesben jeden Alters. Café und Bar, im Angebot ist u. a. selbstgemachte Pasta. Monatliche Partys.

154 [F5] **Einfachso,** Klaragasse 26, Tel. 21100380, https://einfachso-bar.business.site, geöffnet: Mo.–Do. 13–1, Fr., Sa. 12–5, So. 12–22 Uhr. Beliebte Pils-Bar in einem hübschen Neorenaissance-Gebäude mit kleiner Speisekarte.

155 [F5] **La Bas Bar,** Hallplatz 31, Tel. 222281, www.gaststaette-labas.de, geöffnet: tgl. ab 11 Uhr. Alteingesessene Schwulenbar mit kleiner Außenfläche.

156 [G7] **Savoy,** Bogenstr. 45, Tel. 459945, Do.–Mo. ab 19 Uhr. Nürnbergs älteste Schwulenkneipe mit viel Plüsch.

Medizinische Versorgung

157 [D1] **Klinikum Nord,** Prof.-Ernst-Nathan-Str. 1, Bus 34 „Klinikum Nord", Tel. 3980, Notaufnahme (Haus 20), www.klinikum-nuernberg.de

158 [fk] **Klinikum Süd,** Breslauer Str. 201, Bus 56 „Klinikum Süd", Tel. 3980, Notaufnahme (Bauteil A), www.klinikum-nuernberg.de. Im Klinikum Süd befindet sich auch die Kinderklinik.

159 [H5] **Ärztliche Bereitschaftspraxis im Adcom-Center,** Bahnhofstr. 11a, U1 „Hauptbahnhof", Tel. 116117, geöffnet: Mo., Di., Do., Fr. 19–22, Mi. 14–22, Sa., So., Fei. 8–22 Uhr

160 [D3] **Cnopf'sche Kinderklinik,** St.-Johannis-Mühlgasse 19, Straßenbahn 4 „Hallertor", Straßenbahn 6 „Hallerstraße", www.klinik-hallerwiese.de, Tel. 334002. Notfallambulanz für Kinder.

› **Rettungsleitstelle, Notarzt, Notfallrettung,** Tel. 112

› **Giftnotruf,** Tel. 089 19240

› **Apotheken-Notdienst,** www.aponet.de

› **Zahnärztlicher Notdienst,** Tel. 58888355 (Bandansage), www.zahnarzt-notdienst.de

Mit Kindern unterwegs

Sowohl vom pädagogischen als auch vom vergnüglichen Aspekt ist in Nürnberg eine Vielzahl an Angeboten für Kinder vorhanden. **Burg** 1 und

Stadtmauer bzw. Stadtgraben bilden einen Rahmen für „mittelalterliches Abenteuer" und wer es gern gruselig hat, der kann mit den Eltern die **Folterkammer** in den **Lochgefängnissen** ⓫ besuchen. Eine spezielle Einrichtung für Kinder ist auch das **KinderKulturZentrum im Kachelbau** mit dem Kinder- & Jugendmuseum (s. rechts) und dem Theater Mummpitz (s. S. 122).

Pädagogische Angebote

★**161** [I4] **Erfahrungsfeld zur Entfaltung der Sinne**, Wöhrder Wiese, U2 „Wöhrder Wiese", www.erfahrungsfeld.nuernberg.de, Tel. 2315445, geöffnet: 1. Mai–Ende der bayerischen Sommerferien Mo.–Fr. 9–18, Sa. 13–18, So., Fei. 10–18 Uhr, Eintritt: differenzierte Preisgestaltung (s. Website). Im Sommer ist auf dem „Erfahrungsfeld zur Entfaltung der Sinne" für Kinder bis etwa 12 Jahre jede Menge zu entdecken. Südlich des Prinzregentenufers, auf der Wöhrder Wiese an der Pegnitz, sind unter Federführung des Amts für Kultur und Freizeit der Stadt Nürnberg Mitmach-Stationen aufgebaut, die sich jährlich wechselnden Themenkreisen widmen. Hier werden Anregungen zum Erfassen der Wirklichkeit gegeben und Erkenntnisse über Zusammenhänge der Umwelt vermittelt.

㉘ [F5] **Germanisches Nationalmuseum.** Das Germanische Nationalmuseum klingt nach schwerer Kost und großer Langweile für die Kleinen, doch weit gefehlt. Sonntagmorgens, meist um 10.30 Uhr, stehen spezielle Kinderführungen oder Kinder-Eltern-Aktionen an. Spannung und Kreativität stehen im Mittelpunkt dieser Veranstaltungen. Das Vierteljahresprogramm kann auf der Internetseite des Museums angeschaut und heruntergeladen werden. Parallel dazu – wenn die Eltern sich dem Kunst- und Kulturgenuss lieber allein widmen möchten – ergänzt die Kindermalstunde um 10.45 Uhr das sonntägliche Programm (s. S. 44).

162 [B7] **Kinder- & Jugendmuseum Nürnberg**, Michael-Ende-Str. 17 (im Kachelbau), U2 „Rothenburger Str.", Tel. 600040, www.kindermuseum-nuernberg.de, geöffnet: Sa. 14–17.30, So., Fei. 10.30–16.30 Uhr. An Wochentagen ist der Eintritt angemeldeten Gruppen vorbehalten. Während der Winter-, Oster-, Herbst- und Weihnachtsferien auch für die Öffentlichkeit geöffnet: Mo.–Fr. von 14–17.30 Uhr. Eintritt: 8 € für alle ab 3 Jahren. Mit kindgerecht aufbereiteten Ausstellungen erwartet das Kindermuseum seine jungen Besucher. Die beiden Dauerausstellungen „Zeitreisen" und „Schatzkammer Erde" wecken die Neugier der Kinder. Sie dürfen durch

057ng Abb.: ctz

▷ *Auge in Auge mit dem Christkind*

praktisches Ausprobieren und Experimentieren an vielen Stationen ihren Entdeckerdrang ausleben. Wechselnde Sonderausstellungen zu verschiedenen Themen ergänzen das Angebot.

› Das **Kunst- und Kulturpädagogische Zentrum Nürnberg** bietet in einigen Museen der Stadt kind- und familiengerechte Führungen an. Hier ist, anders als beim „normalen" Museumsbesuch, Anfassen und Mitmachen ausdrücklich erlaubt und erwünscht. Aufgrund der Fülle des Angebots und der wechselnden Themen ist eine Vorab-Information über das Internet empfehlenswert: www.kpz-nuernberg.de.

40 [D5] **Planetarium.** In speziellen Shows bietet das Planetarium seinen jungen Besuchern sowohl Lehrreiches als auch Vergnügliches. Dass es dabei immer um Weltraum, Sterne oder andere Planeten geht, versteht sich von selbst.

34 [E4] **Turm der Sinne.** An Jugendliche ab 14 Jahren richtet sich das Angebot des „Turms der Sinne". Im Mittelpunkt der Mitmach-Ausstellung stehen die Wahrnehmung mit allen Sinnen und die Frage, ob wir unseren Sinnen wirklich vertrauen können. Ziel des Museums ist es, Jugendlichen durch anschauliche und verblüffende Versuche zu vermitteln, dass die eigene Wahrnehmung getäuscht werden kann und fehlbar ist (s. S. 49).

Freizeitangebote

•163 **Playmobil-FunPark,** Brandstätterstr. 2–10, 90513 Zirndorf, Bus 151 „PM-FunPark", Tel. 96661700, www.playmobil-funpark.de, geöffnet: je nach Jahreszeit unterschiedliche Öffnungszeiten (im Sommer bis 19 Uhr, im Winter ist der Außenbereich geschlossen), Eintritt: nur mit Onlineticket möglich, Kosten variieren je nach Saison, zurzeit maximal 17,90 €/Erw. Vor den Toren Nürnbergs entwickelt sich der Playmobil FunPark in Zirndorf immer mehr zum Besuchermagneten. Wer die immer freundlichen Plastikfiguren mit den aus vielen Kinderzimmern bekannten Ausstattungen wie Piratenschiff, Ritterburg oder Traumschloss einmal „live" erleben will, der sollte die Anreise hierher nicht scheuen. Die Anfahrt mit dem Pkw ist unproblematisch, da gut ausgeschildert. Nutzer der öffentlichen Verkehrsmittel steigen am Hauptbahnhof in die S4 bis zur Haltestelle „Anwanden" und fahren mit dem Bus 151 bis vor die Haustür (bei Vorlage des Fahrscheins gibt es 1 € Ermäßigung).

49 [ej] **Tiergarten.** Der Nürnberger Tiergarten mit dem einzigen Delfinarium Süddeutschlands stellt innerhalb der Stadtgrenzen eines der beliebtesten Ausflugsziele – nicht nur für Familien – dar. Besonders interessant für Kinder sind der Streichelzoo und der riesige Abenteuerspielplatz.

Fünf Theater konzentrieren sich fast ausschließlich darauf, Kinder und Jugendliche in die Welt des Schauspiels einzuführen.

164 [I3] **Marionetten-Theater im Apollo-Tempel,** Cramer-Klett-Park, Büro: Bonhoefferstr. 19a, U2 „Rathenauplatz", Kartenreservierung: Tel. 0152 36192740, Mo.–Fr. 18–20 Uhr, www.nuernberger-marionettentheater.de. Seit dem Jahr 1947 betreibt die Familie Tomaschek im Apollo-Tempel ihr Marionettentheater. Gespielt werden hier meist Märchen, immer am Sonntagnachmittag, und zwar von Nov. bis Feb.

165 [B7] **Theater Mummpitz,** Michael-Ende-Str. 17 (im Kachelbau), Tel. 600050, www.theater-mummpitz.de. Seit 1980 verzaubert das Ensemble mit fantasievollen und attraktiven Inszenierungen sein Publikum.

166 [H3] **Theater Pfütze,** Äußerer Laufer Platz 22, U2 „Rathenauplatz", www.the

ater-pfuetze.de, Tel. 270790. Hier findet keine reine Kinderbelustigung statt, sondern das Theater Pfütze möchte künstlerisch hochwertiges Theater für Erwachsene und Kinder bieten. Besonders stolz ist man auf den Theaterneubau am Rand der Altstadt.

167 [B4] **Theater Rootslöffel,** Troststr. 6, U1 „Bärenschanze", Tel. 289052, www.rootsloeffel.de. Die Spielstätte ist eine ehemalige Schreinerei. Gespielt werden Eigenproduktionen, die von Toleranz, Freundschaft, Mut, Gerechtigkeit und Fantasie handeln.

- **Theater Salz + Pfeffer** (s. S. 86). Geboten wird hier Figurentheater mit einem „gut gewürzten Programm aus Stücken für Erwachsene und modernem Kindertheater".
- Der **Christkindlesmarkt** (www.christkindlesmarkt.de) wird parallel von der **Kinderweihnacht am Hans-Sachs-Platz** begleitet. Hier warten Mitmachbuden und Fahrgeschäfte auf die kleinen Besucher, der Nikolaus sammelt Wunschzettel ein und das Nürnberger Christkind kommt Di. bis Fr. um etwa 14.30 Uhr vorbei. Eine weitere Attraktion ist das Sternenhaus in der Katharinenkirche 21, wo sich ein Publikum von 3 bis 8 Jahren von Theater- oder Ballettaufführungen, Zaubereishows oder Puppenspiel verzaubern lassen kann. Zweimal pro Woche lädt das Nürnberger Christkind zur Märchenstunde ein.

Notfälle

Notrufnummern und Dienststellen

- **Notruf:** 112

168 [E5] **Polizeipräsidium Mittelfranken/Polizeiinspektion Nürnberg-Mitte,** Jakobsplatz 5, U1 „Weißer Turm", Tel. 21120, www.polizei.bayern.de

169 [G3] **Polizeiwache Rathaus,** Theresienstr. 2, Bus 36 „Burgstraße", Tel. 206070

170 [ch] **Polizeiinspektion Flughafen,** Flughafenstr. 100, U2 „Flughafen", Tel. 935920

171 [F3] **Gäste- und Touristenseelsorge,** Winklerstr. 31, U1 „Lorenzkirche", Tel. 9401295, https://seelsorge.stadtkirche-nuernberg.de

Kartensperrung

Bei **Verlust der Debit/Giro-, Kredit- oder SIM-Karte** gibt es für Kartensperrungen eine **deutsche Zentralnummer** (unbedingt vor der Reise klären, ob die eigene Bank bzw. der jeweilige Mobilfunkanbieter diesem Notrufsystem angeschlossen ist). **Aber Achtung:** Mit der telefonischen Sperrung sind die Bezahlkarten zwar für die Bezahlung/Geldabhebung mit der PIN gesperrt, nicht jedoch für das **Lastschriftverfahren mit Unterschrift.** Man sollte daher auf jeden Fall den Verlust zusätzlich **bei der Polizei zur Anzeige bringen,** um gegebenenfalls auftretende Ansprüche zurückweisen zu können.

In **Österreich** und der **Schweiz** gibt es keine zentrale Sperrnummer, daher sollten sich Besitzer von in diesen Ländern ausgestellten Debit- oder Kreditkarten vor der Abreise bei ihrem Kreditinstitut über den zuständigen Sperrnotruf informieren.

Generell sollte man sich immer die **wichtigsten Daten** wie Kartennummer und Ausstellungsdatum **separat notieren,** da diese unter Umständen abgefragt werden.

- **Deutscher Sperrnotruf:** Tel. +49 116116 oder Tel. +49 3040504050
- **Weitere Infos:** www.kartensicherheit.de, www.sperr-notruf.de

133ng Abb.: ©Animaflora PicsStock, stock.adobe.com

Post

Folgende Filialen in und um die Altstadt bieten alle Dienstleistungen der Deutschen Post und der Postbank an:

- ✉172 [H6] **Postfiliale (1),** Bahnhofsplatz1b, geöffnet: Mo.-Fr. 8.30-19, Sa. 9-14 Uhr
- ✉173 [D5] **Postfiliale (2),** Am Plärrer 14, geöffnet: Mo.-Fr. 8.30-18.30, Sa. 9-13 Uhr
- ✉174 [I3] **Postfiliale (3),** Keßlerstr. 1, geöffnet: Mo. 12.30-18, Di. 9-14.15, Mi., Do. 13.30-18, Fr. 9-18, Sa. 9-12 Uhr

Radfahren

Radfahren ist im Stadtzentrum **nicht immer das reine Vergnügen.** Zwar verlaufen entlang des Altstadtrings und der großen Ausfallstraßen Radwege, meist sogar baulich abgetrennt, doch gemütlich ist das Radeln hier nicht. In der **Fußgängerzone** herrscht ein absolutes Fahrverbot. Das sollte auch beachtet werden. Gut voran kommt man über die kleineren Straßen in den Wohnvierteln, was jedoch eine gewisse Ortskenntnis voraussetzt.

Gut ausgebaut, ruhig und frei von Autoverkehr sind die **Strecken entlang der Pegnitz,** flussabwärts nach Fürth und flussaufwärts am **Wöhrder See** vorbei in Richtung Lauf. Hat man das Stadtgebiet hinter sich gelassen, dann kann man sich auf **landschaftlich attraktive Touren** freuen. Das Knoblauchsland, der Reichswald im Norden und Osten der Stadt oder das Rednitztal im Süden bieten eine Reihe interessanter Strecken mit unterschiedlichen Schwierigkeitsgraden.

Ein umfassendes Angebot rund ums Radfahren in Nürnberg und dem Umland hat der ADFC im Internet bereitgestellt: www.adfc-nuernberg.de.

⌃ *Entlang der Ufer von Pegnitz und Wöhrder See gibt es attraktive Radwege*

In den **Verkehrsmitteln des VGN** können Fahrräder mitgenommen werden, wenn entsprechende Abstellmöglichkeiten vorhanden und frei sind. Für das Rad ist zusätzlich eine Kinderfahrkarte zu lösen. Die Ausschlusszeiten von 6 bis 8 Uhr und 15 bis 18.30 Uhr gelten nur in S-Bahnen und Regionalzügen der Deutschen Bahn. Ein Anspruch auf Mitnahme besteht aber nicht.

Leihfahrräder, auch Lastenräder, stellt die **VAG** (www.vagrad.de), Betreiberin der Nürnberger Busse und Bahnen, zur Verfügung. Dazu ist eine Registrierung in der **App Nürnberg-MOBIL** (kostenlos für iOS und Android) erforderlich. Ausleihe, Rückgabe und Abrechnung erfolgen digital, wobei die Räder sowohl an Leihstationen als auch überall innerhalb einer Flexzone übernommen und abgestellt werden dürfen. Lastenräder müssen zur Leihstation zurück. Kosten: 0,05 €/Min., ab 200 Minuten greift automatisch der Tagestarif von 10 €.

- **175** [ej] **Bike Adventures,** Zerzabelshofer Hauptstr. 75, Bus 43/65 „Bingstr.", Tel. 4808477, www.bike-adventures.de, geöffnet: Di.–Fr. 10–20 Uhr, Sa. 9–14 Uhr, City-Bike 8 €/Tag, 14 €/Wochenende (jeweils plus Kaution!)

Sicherheit

Kriminalität ist in Nürnberg kein sonderlich bewegendes Thema. Nach den aktuellen Kriminalitätsstatistiken für deutsche Großstädte liegt Nürnberg konstant im hinteren Drittel. Die Nachbarstadt Fürth gilt sogar als noch sicherer.

Selbstverständlich ist bei **Großveranstaltungen** mit hoher Besucherfrequenz (z. B. beim Christkindlesmarkt) mit **Taschendiebstählen** und dergleichen zu rechnen. Mit den üblichen Vorsichtsmaßnahmen, wie z. B. den Geldbeutel nicht von außen zugänglich zu tragen, hält man die Gefahr in Grenzen.

Der Bereich rund um den Bahnhof, insbesondere die Königstorpassage, wurde sehr stark kameraüberwacht. Die **Drogenszene** wurde vertrieben, allerdings mit dem Ergebnis, dass sie sich jetzt auf diverse andere Bereiche verteilt und weniger stark unter Beobachtung steht.

Der **Rotlichtbereich** in der Ottostraße [E5] und Frauentormauer [E5], im Volksmund kurz „hinter der Mauer" genannt, sollte lieber gemieden werden. Das gilt selbstverständlich besonders abends und nachts.

Sprache

Mit **Hochdeutsch** kommt man in Nürnberg meist gut zurecht, auch wenn man damit rechnen muss, die eine oder andere Entgegnung seines Gesprächspartners erst auf Nachfrage zu verstehen. Reine **Dialektsprecher** gibt es in Nürnberg nur noch selten, doch den **heimischen Zungenschlag** kann niemand verbergen. Er zeichnet sich zum Beispiel durch das **Fehlen jeglicher harter Konsonanten** aus: Draumdenndser, Diergärddnerdoorblads (Traumtänzer, Tiergärtnertorplatz). Einzige **Ausnahme** ist das K am Wortanfang, wenn ein Vokal folgt: Kaschber, Kees (Kasper, Käse). Beim **phonetischen K mit folgendem Konsonanten** bleibt es aber bei der weichen Aussprache: Glaus, Glubb, Gleebladdschdadd (Klaus, Club, Fürth).

Die zweite Besonderheit ist die **Vokalverschiebung.** Dies wird besonders deutlich bei der Feststellung, Franken sei da, „wo die Hasen Hosen

MEIN TIPP

Fränkisch-Sprachführer

- **„Best of Nämberch english spoken“**, Günter Stössel, ars vivendi Verlag, Cadolzburg, 2003. Hier wird die phonetische Verwandtschaft der englischen und fränkischen Sprache nachgewiesen. Englische Wörter, scheinbar sinnlos aneinandergereiht, ergeben fränkische Sätze mit und ohne Tiefgang. Werden sie von einem Englisch-Muttersprachler laut vorgelesen, bleibt kein Auge trocken. Way an mention blows a zoo a blade sin I felt …
- **„Fränkisch – das Deutsch der Franken“**, Jens Sobisch, Kauderwelsch-Sprachführer, REISE-KNOW-HOW Verlag, Bielefeld. Wörter, Sätze und Ausdrücke des fränkischen Alltags. Der Fokus liegt hier eher auf dem Idiom der Mainfranken, dennoch bietet das Büchlein wertvolle Einblicke in „dem Franggn sei Weld und sei Språch“.

und die Hosen Husen hasen“. Übersetzt: „wo die Hasen (das Tier mit den langen Ohren) ‚Hosen‘ und die Hosen (das Beinkleid) ‚Husen‘ heißen (genannt werden)“.

Stadttouren

Die Führungen des **Vereins der Gästeführer Nürnbergs – Die Stadtführer e. V.** bilden das Grundgerüst der organisierten Stadtführungen. Die klassische **Altstadtführung** (ca. 90 Min., 13 €/Person, ermäßigt 12 €, Kinder 10–17 J. 9 €, Kinder bis 9 J. frei) beginnt täglich um 13.30 Uhr an der Tourist Information (s. S. 116) und führt zu zahlreichen Bauwerken, Kunst- und Kulturdenkmälern. Von Mai bis Oktober sowie in der Adventszeit ergänzen samstags und sonntags um 10.30 Uhr weitere Führungen das Programm.

Man kann sich auch von **fiktiven oder tatsächlichen Personen der Stadtgeschichte** – Gästeführern, die im historischen Gewand auftreten – durch Nürnberg leiten lassen. Elisabeth von Pommern, Gattin von Kaiser Karl IV., berichtet zum Beispiel vom Leben auf der Burg, zwei streitsüchtige Patrizierinnen verbreiten Klatschgeschichten über die Gesellschaft der Dürerzeit, „Hübschlerin“ Anna führt ins Milieu u. v. m. Es gibt keinen festen Spielplan, die Termine für diese Führungen erhält man über die Tourist Information (s. S. 116, ca. 1,5 Std.).

Darüber hinaus gibt es auch eine Reihe von weiteren **Führungen außerhalb der Altstadt**, beispielsweise in Nürnbergs „braune“ Vergangenheit, die zur Kongresshalle und zum Reichsparteitagsgelände führt, und Fahrten mit einer historischen Straßenbahn quer durch die Stadt.

Auch **Kinder- und Jugendführungen** und Führungen in Gebärdensprache werden angeboten.

- www.nuernberg-tours.de, Buchungen online oder über die Tourist Information (s. S. 116)

Daneben gibt es eine ganze Reihe unterschiedlicher Vereine und Unternehmen, die **Führungen zu speziellen Themen** anbieten.

- **Altstadtfreunde Nürnberg e. V.**, www.altstadtfreunde-nuernberg.de. Ein großes Programm, nicht nur in der Altstadt, hat der Verein der Altstadtfreunde auf die Beine gestellt. Über die Stadtspaziergänge und Streifzüge durchs Stadtgebiet

☒ *Stadtführungen: eine gute Möglichkeit, Nürnberg kennenzulernen* sowie die Termine und Treffpunkte informiert die Website. Stadtspaziergänge sind z. T. kostenlos (Spenden erwünscht).

- **Fahrt mit der Bimmelbahn,** www.citytour.info/nuernberg: Man kann die Altstadt auch mit der „Bahn" erfahren. Mehrmals täglich, jeweils 15 Minuten nach der vollen Stunde, startet der Zug am Hauptmarkt 12 (während des Christkindlesmarktes an der Mauthalle 24). Dauer ca. 40 Min., Tickets bei der Tourist Information oder online, Erw. 10 €, Kinder (2–14 J.) 5 €.
- **Förderverein Nürnberger Felsengänge e. V.,** www.felsengaenge-nuernberg.de. Unterschiedliche Führungen ins unterirdische Nürnberg: Felsengänge, Kunstbunker, Bierkeller, Kasematten und Luftschutzkeller werden gezeigt. Es gibt gesonderte Kinder- und Familienführungen. Treffunkt i. d. R. beim Brauereiladen der Hausbrauerei Altstadthof, Bergstr. 19. Die Preise variieren (s. S. 17).
- **Führungen mit der Nachtwächterin,** www.nachtwaechterin.de. Die Historikerin Dr. Ute Jäger, gekleidet als Nachwächterin, lässt während ihrer Abendführungen zu verschiedenen Themen Geschichte lebendig werden. Auch kulinarische Führungen mit mehrgängigen Menüs gehören zum Programm. Termine und Anmeldung im Internet, Kinderführungen möglich, Treffpunkt vor der Tourist Information auf dem Hauptmarkt. Über Preise und Zeiten informiert die Website, bitte vorab online buchen.
- **Geisterwege,** Marco Kirchner – Geschichtenmanufaktur, Tel. 0175 4024148, www.geisterwege.de. Der Geschichtenerzähler Marco Kirchner führt mit losem Mundwerk und im historischen Gewand in die Welt der Sagen, Legenden und Halbwahrheiten. Seine Geschichten werden von Geistern, Hexen, Raubrittern und anderen düsteren Gestalten bevölkert – Gänsehaut ist Programm. Beginn ist i. d. R. um 21 Uhr (Terminplan im Internet), Treffpunkt an der Tourist Information am Hauptmarkt (s. S. 116). Preis: 10 €, erm. 5 €.
- **Geschichte für Alle e. V.,** www.geschichte-fuer-alle.de. Der Verein bietet historisch fundierte stadtgeschichtliche Rundgänge in Nürnberg und den Nachbarstädten. Wissensvermittlung und Wissenschaftlichkeit stehen im Vordergrund, doch auch der Humor kommt nicht zu kurz. Für Einzelbesucher ist eine vorherige Anmeldung nicht erforderlich. Die etwa zweistündigen Führungen kosten 10 €, Kinder unter 18 Jahren in Begleitung eines Erwachsenen sind kostenfrei. Programm im Internet.
- **Segwaytouren,** www.segtour-nuernberg.de bzw. www.segtour-fuerth.de. Futuristisch bewegt man sich auf zwei elektrisch angetriebenen Rädern durch die Straßen. Nach einigen Runden „Einrollen" geht es auf drei festgelegten Touren durch die Sebalder Altstadt, über das Reichsparteitagsgelände oder durch die Fürther Altstadt. 60 € p. P., Mindestalter 15 Jahre, mindestens Mofa-Führerschein, 45–118 kg Körpergewicht.

058ng Abb.: ctz

- **Stadtrundfahrten im gelben Doppeldeckerbus,** www.nuernberg-stadtrundfahrt.de: Etwa 90 Minuten dauert die Rundfahrt, die fünfmal täglich in zwei Schleifen die Altstadt, das Reichsparteitagsgelände und die westlichen Ortsteile Gostenhof und St. Johannis durchquert. Tickets in der Tourist Information, direkt am Bus oder online. Über Preise und Fahrpläne informiert die Website.

Ergänzend gibt es weitere **Touren zum individuellen Ablaufen.** Die Informationen zu den einzelnen Stationen können als Audiodateien heruntergeladen werden.

- **Astronomie- und Sonnenuhrenweg,** www.astronomieweg-nuernberg.de, www.sonnenuhrenweg-nuernberg.de. Beide außergewöhnlichen Wege wurden von der Nürnberger Astronomischen Gesellschaft eingerichtet. Die Audiodateien beider Themenwege und eine Broschüre können heruntergeladen werden. Die gedruckten Broschüren gibt es bei der Tourist Information (s. S. 116), im Planetarium 40 und in der Regiomontanus-Sternwarte (Regiomontanusweg 1).
- **Tomis Audioguide Nürnberg,** https://nuernberg.tomis.mobi, 20 Stationen, kostenloser Download der Audiodateien

Unterkunft

Die Beherbergungsbetriebe in Nürnberg bieten für jeden Geschmack und Geldbeutel maßgeschneiderte Angebote. **Schwierig ist die Situation im Februar,** wenn die Spielwarenmesse und die BioFach stattfinden. Hier findet man sogar im Umland nur schwer freie Zimmer. **Messeaufschläge** sind in dieser Zeit die Regel.

Die **Congress- und Tourismuszentrale** (www.tourismus.nuernberg.de) hat ein Online-Buchungssystem installiert. Vor Ort hilft die Tourist Information am Hauptmarkt (s. S. 116) gerne weiter.

Hotels

176 [F3] **Agneshof** €€, Agnesgasse 10, Tel. 214440, www.agneshof-nuernberg.de. **Versteckt in den schmalen Gassen der Sebalder Altstadt:** Alle Ziele in der Altstadt sind in kürzester Zeit fußläufig zu erreichen und für die Pause zwischendurch bietet sich die Liegeweise im Hotelgarten an. Sauna und Whirlpool.

177 [E2] **Burgschmiet** €€, Burgschmietstr. 8, Straßenbahn 4 „Tiergärtnertor", Tel. 933360, www.hotel-burgschmiet.de. **Familiengeführtes Hotel in absoluter Burgnähe:** Zum Angebot des nach dem Bildhauer Jakob Daniel Burgschmiet benannten Hotels gehören auch Pauschalarrangements mit hervorragendem Preis-Leistungs-Verhältnis.

178 [H2] **Design Hotel Vosteen** €€, Lindenaststr. 12, Tel. 95512330, www.hotel-vosteen.de. **Wohnen im Vintage-Stil der 1950er-Jahre:** liebevoll eingerichtetes Hotel, die Chefin hat immer gute Tipps für jede Situation parat. Im Haus gegenüber stehen Ferienwohnungen für längere Aufenthalte zur Verfügung.

179 [G5] **Deutscher Kaiser** €€€, Königstr. 55, www.deutscher-kaiser-hotel.de, Tel. 242660. **In einem Sandsteingebäude im „Nürnberger Stil":** Am Haus befindet sich eine Madonna von Adam Kraft, das einzige Originalwerk, das nicht in ein Museum gebracht wurde. Leseraum mit Tageszeitungen und kleiner Bibliothek.

180 [F3] **Elch** €€€, Irrerstr. 9, Tel. 2492980, www.hotel-elch.eu. **Kleines Familienhotel in einem Fachwerkhaus aus dem 14. Jahrhundert:** „edelrustikal" mit krummen Wänden und moderner Einrichtung. Natürlich geht es günstiger, aber kaum charmanter.

Preiskategorien Unterkünfte
Die Preiskategorien gelten für ein Doppelzimmer mit Frühstück.

€	bis 100 €
€€	100 bis 150 €
€€€	ab 150 €

181 [E5] **Holiday Inn Nürnberg City Centre** €€€, Engelhardsgasse 12, Tel. 242500, www.ihg.com. **Zentral in der Lorenzer Altstadt:** Das Haus verfügt über 380 Betten, einen Sauna- und Fitnessbereich, eine Bar und ein Restaurant sowie eine praktische Tiefgarage.

182 [H5] **Le Méridien Grand Hotel** €€€, Bahnhofstr. 1–3, direkt am Hauptbahnhof, www.marriott.de, Tel. 23220. **In bester Lage direkt gegenüber dem Königstor:** gilt als das erste Haus am Platz. Hier bleibt kein Wunsch offen, alles hat aber seinen Preis.

183 [H5] **Motel One Nürnberg-City** €€, Bahnhofstr. 18, U1/2/3 „Hauptbahnhof", Tel. 2743170, weitere Infos s. u.

184 [H6] **Motel One Nürnberg-Hauptbahnhof** €€ Bahnhofsplatz 1, U1/2/3 „Hauptbahnhof", Tel. 4771340, weitere Infos s. u. **Zentrale Lage mit Aussicht:** Das Haus am Hauptbahnhof in den 2018–2021 erbauten Türmen hat eine schicke Bar im 14. Stock (s. S. 81).

185 [E6] **Motel One Nürnberg-Plärrer** €€, Steinbühler Str. 13, U1/2/3 „Plärrer", Tel. 2356260, www.motel-one.com/de. **Viel Design für wenig Geld:** Die drei Motel Ones am Rand der Altstadt sind geradlinig und modern und mit ansprechendem Farbkonzept ausgestattet.

186 [G7] **Ringhotel Loew's Merkur** €€, Pillenreuther Str. 1, Tel. 994330, www.loews-hotel-merkur.de. **Entspannungsbereich mit Pool und Sauna:** Das Traditionshaus (seit 1930) direkt am Südausgang des Hauptbahnhofs wird in dritter Generation von der Familie Loew geleitet und hat sich stets den Anforderungen der Zeit angepasst.

187 [bk] **Romantik-Hotel Rottner** €€, Winterstr. 15–17, Bus 69 „Großreuth b. Schweinau", Tel. 612032, www.rottner-hotel.de. **Modernes 4-Sterne-Haus:** Das Hotel des Gourmetkochs Stefan Rottner verfügt über alle Annehmlichkeiten. Nebenan befindet sich sein historisches Gasthaus (s. S. 80).

188 [F3] **Saxx** €€, Hauptmarkt 17, www.sorat-hotels.com, Tel. 242700. **Die Lage direkt am Hauptmarkt ist unübertroffen:** modernes großstädtisches Ambiente, bereits vom Frühstückstisch aus beobachtet man das morgendliche Treiben rund um den Schönen Brunnen.

189 [G5] **Victoria** €€€, Königstraße 80, Tel. 24050, www.hotelvictoria.de. **Eine Perle der Nürnberger Hotelerie:** Seit vier Generationen in Familienbesitz, überzeugt das Victoria durch die Freundlich-

059ng Abb.: bs

Das Hotel Deutscher Kaiser, ein Prunkbau im „Nürnberger Stil"

keit des Personals und das Engagement der Direktion. Der Eingang befindet sich direkt neben dem Handwerkerhof und es gibt eine Sonnenterrasse mit edlem Cafébetrieb und Blick auf das Neue Museum.

Pensionen und Apartments

190 [dj] **Apartments Tokus** €€, Hintere Cramergasse 13, Bus 43/44 „Cramergasse“, Tel. 25384027, Mobil-Tel. 0176 21536130, www.apartments-tokus.de. **Modernes Haus:** freundlich eingerichtete Zimmer sowie Ferienwohnungen für 2–5 Personen für längere Aufenthalte. Ca. 1500 m ins Zentrum.

› **Gastzimmer Regina** €€, im Hinterhaus des Salon Regina (s. S. 82). **Wohnen im Kultcafé:** Im Gästehaus hinter dem charmanten Salon Regina, einer Gostenhofener Institution, werden drei Apartments für jeweils maximal vier Personen vermietet (mindestens zwei Nächte).

Jugendherbergen/Hostels

191 [H5] **A&O Nürnberg Hauptbahnhof** €, Bahnhofstr. 13–15, Tel. 3091684400, www.aohostels.com. **Filiale der großen Hostelkette:** Mehrbettzimmer (Hostelbereich), Einzel-, Doppel- und Familienzimmer (Hotelbereich) zu günstigen Konditionen.

192 [G2] **DJH Jugendherberge** €, Burg 2, Bus 46 „Maxtor“, Straßenbahn 4 „Tiergärtnertor“, www.jugendherberge.de, Tel. 2309360. **Wohnen auf der Burg – was könnte verlockender sein?** In den Kaiserstallungen ist heute eine Jugendherberge mit ca. 350 Betten untergebracht, die als eine der modernsten in einer Burg gilt.

193 [dh] **Jugend-Hotel Nürnberg** €, Rathsbergstr. 300, U2 „Ziegelstein“, dann Bus 21 „Felsenkeller“, Tel. 5216092, https://jugendhotel-nuernberg.de. **Idyllisch am Rand des Sebalder Reichswalds:** Im Ortsteil Buchenbühl gelegen, können hier 120 Personen in 1- bis 6-Bett-Zimmern übernachten.

Camping

194 [ek] **KNAUS Campingpark,** Hans-Kalb-Str. 56, www.knauscamp.de, Tel. 9812717, Platz für Dreipersonenzelt und Kfz: 12,50 €, zuzügl. 11,30 € pro Erw. bzw. 5,10 € pro Kind bis 16 Jahre (Hauptsaison). **Hervorragend ausgestatteter Platz im Wald:** zwischen Messegelände und Stadion gelegen. Mobilheime (eine Art Bungalow) stehen zu saisonal variierenden Preisen zur Miete.

Verhaltenstipps

Franken gelten, so will es das Klischee, als verschlossen, einsilbig und ungesellig. Das ist zwar sicherlich überzeichnet, aber auch nicht ganz falsch, zumindest wenn es den Umgang mit Fremden außerhalb des Geschäftslebens betrifft.

Wer mit Franken ins Gespräch kommen möchte, der sollte also **vorsichtig und interessiert vorgehen,** anstatt einen Überfall mit guter Laune und Redeschwall zu planen. Ist eine Vertrauensbasis geschaffen, dann ändert sich die Situation nämlich sehr schnell. Der maulfaule Brummbär entwickelt sich zum freundlichen, hilfsbereiten und auskunftsfreudigen Mitmenschen. Unverfängliche **Anknüpfungspunkte für Gespräche** sind immer Themen wie Essen und Trinken oder Fußball.

Ein paar Dinge sollten auf jeden Fall beachtet werden: Man sollte **nicht versuchen,** fränkischen oder – noch schlimmer – oberbayerischen **Dialekt zu imitieren,** wenn man nicht selbst Dialektsprecher ist. Das Tragen von **Lederhose und Sepplhut** überlässt man, auch wenn man sich offiziell in Bayern befindet, ebenfalls den Personen, in deren Heimatregion diese Tracht Usus ist. Man sollte auch **keine Witze über den „Club" machen** – das machen die Nürnberger schon selbst. Und in einem fränkischen Wirtshaus sollte man nie zu Bratwürsten **Ketchup** bestellen – außer man ist jünger als 10 Jahre oder Amerikaner.

Verkehrsmittel

Nahverkehrsmittel

Der **Verkehrsverbund Großraum Nürnberg** (VGN) koordiniert den öffentlichen Nahverkehr in der Region. Flächenmäßig gehört das VGN-Gebiet zu den größten ÖPNV-Verbänden Deutschlands. In ganz Mittelfranken und Teilen der Oberpfalz und Oberfrankens gilt die Fahrkarte des VGN.

Die von der Deutschen Bahn AG betriebenen **S-Bahnen** fahren nach Bamberg, Lauf, Altdorf, Neumarkt, Roth und Ansbach. Den **Nürnberger Stadtverkehr**, bestehend aus **U-Bahn**, **Straßenbahn** und **Bus** (zweistellige Nummern), betreibt die **VAG.** An den Wochenenden und vor Feiertagen fahren stündlich zwischen 1 Uhr und 5 Uhr **Nachtbusse** vom Nürnberger Hauptbahnhof sternförmig in die Region, um Nachtschwärmer nach Hause zu bringen.

Wer nicht über das Deutschland-Ticket verfügt, zahlt in der Kernzone Nürnberg/Fürth für die **einfache Fahrt** 3,40 €, ermäßigt 1,70 €. Die 4-Fahrten-Karte kostet 12,20 € (erm. 6,10 €). Für touristische Zwecke sinnvoll sind die **Tagestickets** „Solo" für eine Person (9 €) oder „Plus" für bis zu 6 Personen (davon max. 2 Erwachsene, 13,30 €). Ein am Samstag gekauftes Tagesticket gilt auch am Sonntag.

Tickets gibt es an **Automaten** und den **Verkaufsstellen** der großen Sta-

Drehscheibe Plärrer 40 – *Nordbayerns verkehrsreichster Platz*

056ng Abb.: bs

tionen. Sie können auch **online** oder per **Handy** gelöst werden. Die **App „VGN Fahrplan & Ticket"** (s. S. 144) ermöglicht den Online-Kauf von Einzeltickets zum Preis einer Fahrt mit der 4-Fahrten-Karte.

Tagestickets müssen vor der ersten Fahrt **gestempelt werden,** Streifen-/Einzelkarten vor jeder Fahrt. Die Stempelkästen befinden sich an den Zugängen zu den U-/S-Bahnsteigen und in den Straßenbahnen und Bussen.

› www.vgn.de

Wichtige Verkaufsstellen

› **DB Reisezentrum Nürnberg,** Bahnhofsplatz 9, Hauptbahnhof 36, geöffnet: Mo.–Fr. 7–21, Sa. 9–19, So., Fei. 10–20 Uhr

› **VAG-KundenCenter,** Königstorpassage, Hauptbahnhof 36, geöffnet: Mo.–Fr. 7–20, Sa. 9–14 Uhr

Taxis

Taxistandplätze sind über die ganze Stadt verteilt, vor allem an Plätzen mit hoher Besucherfrequenz (Hauptbahnhof, Hauptmarkt, Messe, Krankenhäuser usw.). Die **Grundgebühr** beträgt 4,50 €, für den ersten gefahrenen **Kilometer** 4,50 €, für den zweiten bis fünften 2,50 € und für jeden weiteren Kilometer 2 €.

› **Taxibestellung:** Tel. 19410, www.taxi-nuernberg.de

Wetter und Reisezeit

Nürnberg kann **zu jeder Jahreszeit** besucht werden. Das fränkische Becken gilt als **regenarme Region** mit etwa 600 bis 700 mm Niederschlag pro Jahr. Die regenreichsten Monate sind Juni und Juli, was aber nicht heißt, dass diese Monate dauerhaft verregnet sind. Vielmehr ist mit kurzen, aber heftigen Sommergewittern zu rechnen.

Um das Leben in Biergärten und Straßencafés zu genießen, ist der **Sommer** mit den langen, warmen Abenden die schönste Zeit. **Kulinarisch** ist es von Mitte April bis zum 24. Juni spannend, wenn der Spargel gestochen wird, und in den Monaten mit „r" zur Karpfenzeit. Zur **Adventszeit** ruft das Nürnberger Christkind zum weltberühmten Chistkindlesmarkt.

Weniger empfehlenswert ist der Besuch Anfang und Mitte Februar, da direkt nacheinander Spielwarenmesse und BioFach für hohe Preise und volle Hotels sorgen.

⊡ Bei den Eisbären im Nürnberger Tiergarten 49 gibt es immer mal wieder Nachwuchs

Durchschnitt	Wetter in Nürnberg											
Maximale Temperatur	2°	4°	8°	13°	17°	21°	23°	22°	19°	14°	7°	3°
Minimale Temperatur	–5°	–4°	–1°	3°	7°	10°	12°	12°	9°	4°	0°	–4°
Regentage	16	15	13	14	15	16	16	15	13	12	14	14
	Jan	Febr	März	Apr	Mai	Juni	Juli	Aug	Sept	Okt	Nov	Dez

ANHANG

006ng Abb.: bs

Register

G

H

I

J

K

L

M

Dass Nürnberg auch die „Stadt der Liebe“ ist, beweist dieser treffsichere Amor am Schönen Brunnen auf dem Hauptmarkt 12

Impressum

Bernhard Spachmüller

CityTrip Nürnberg

7., neu bearbeitete und aktualisierte Auflage 2024

ISBN 978-3-8317-3782-6

Druck und Bindung:
mediaprint solutions GmbH, Paderborn

Herausgeber: Klaus Werner
Layout: amundo media GmbH (Umschlag, Inhalt), Peter Rump (Umschlag)
Lektorat: amundo media GmbH
Karten: Ingenieurbüro K. Wendler, amundo media GmbH
Anzeigenvertrieb: KV Kommunalverlag GmbH & Co. KG, Alte Landstraße 23, 85521 Ottobrunn, Tel. 089 928096-0, info@kommunal-verlag.de
Kontakt: Osnabrücker Str. 79, 33649 Bielefeld, info@reise-know-how.de

Alle Angaben in diesem Buch sind gewissenhaft geprüft. Preise, Öffnungszeiten usw. können sich jedoch schnell ändern. Für eventuelle Fehler übernehmen Verlag wie Autor keine Haftung.

Bildnachweis

Umschlagvorderseite: ©EdNurg, stock.adobe.com | Umschlagrückseite: ©Dan Race, stock.adobe.com | Umschlagklappe rechts: ©alexgres, stock.adobe.com | S. 5: ©Massimo Santi, stock.adobe.com
Soweit ihre Namen nicht vollständig am Bild vermerkt sind, stehen die Kürzel an den Abbildungen für die folgenden Fotografen, Firmen und Einrichtungen. Bernhard Spachmüller: bs | DB Museum: dbm | Congress- und Tourismuszentrale Nürnberg: ctz | Germanisches Nationalmuseum/G. Janßen: gnm

Liste der Karteneinträge

170 [ch] Polizeiinspektion Flughafen S. 123
171 [F3] Gäste- und Touristenseelsorge S. 123
172 [H6] Postfiliale (1) S. 124
173 [D5] Postfiliale (2) S. 124
174 [I3] Postfiliale (3) S. 124
175 [ej] Bike Adventures S. 125
176 [F3] Agneshof S. 128
177 [E2] Burgschmiet S. 128
178 [H2] Design Hotel Vosteen S. 128
179 [G5] Deutscher Kaiser S. 128
180 [F3] Elch S. 128
181 [E5] Holiday Inn Nürnberg City Centre S. 129
182 [H5] Le Méridien Grand Hotel S. 129
183 [H5] Motel One Nürnberg-City S. 129
184 [H6] Motel One Nürnberg-Hauptbahnhof S. 129
185 [E6] Motel One Nürnberg-Plärrer S. 129
186 [G7] Ringhotel Loew's Merkur S. 129
187 [bk] Romantik-Hotel Rottner S. 129
188 [F3] Saxx S. 129
189 [G5] Victoria S. 129
190 [dj] Apartments Tokus S. 130
191 [H5] A&O Nürnberg Hauptbahnhof S. 130
192 [G2] DJH Jugendherberge S. 130
193 [dh] Jugend-Hotel Nürnberg S. 130
194 [ek] KNAUS Campingpark S. 130

Zeichenerklärung

- Sehenswürdigkeit
- Arzt, Apotheke, Krankenhaus
- Bar, Bistro, Treffpunkt
- Bibliothek
- Kneipe, Biergarten
- Café
- Denkmal
- Friedhof
- Friedhof (jüdisch)
- Galerie
- Geschäft, Kaufhaus, Markt
- Hotel, Unterkunft
- Imbiss
- Informationsstelle
- Jugendherberge
- Kino
- Kirche
- Museum
- Musikszene, Disco, Club
- Parken
- Pension
- Polizei
- Post
- Restaurant
- Schwimmbad
- Sehenswürdigkeit
- Sonstiges
- Theater
- Vegetarisches Restaurant
- Zeltplatz, Camping
- U-Bahn
- S-Bahn
- Straßenbahn
- Stadtspaziergang (s. S. 13)
- Shoppingareale
- Gastro- und Nightlife-Areale

Hier nicht aufgeführte Nummern liegen außerhalb der abgebildeten Karten. Ihre Lage kann aber wie die von allen Ortsmarken im Buch mithilfe der Web-App angezeigt werden (s. S. 144).

Nürnberg mit PC, Smartphone & Co.

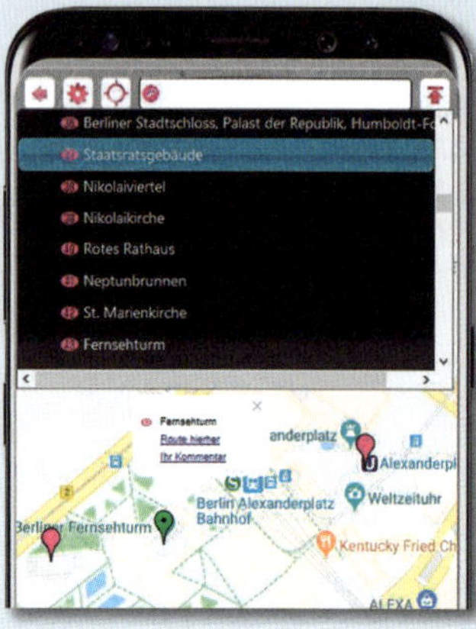

QR-Code auf dem Umschlag scannen oder **www.reise-know-how.de/citytrip/nuernberg24** eingeben und die **kostenlose Web-App** aufrufen (Internetverbindung zur Nutzung nötig)!

★**Anzeige der Lage und Satellitenansicht aller** beschriebenen Sehenswürdigkeiten und touristisch wichtigen Orte

★**Routenführung** vom aktuellen Standort zum gewünschten Ziel

★**Exakter Verlauf** des empfohlenen Stadtspaziergangs

★**Updates** nach Redaktionsschluss

GPS-Daten zum Download

Die GPS-Daten aller Ortsmarken und des Spaziergangs stehen auf der Produktseite des Titels auf www.reise-know-how.de zum Download zur Verfügung.

Stadtplan für mobile Geräte

Um den Stadtplan auf Smartphones und Tablets nutzen zu können, empfehlen wir die App „Avenza Maps" der Firma Avenza™. Über die Funktion „Store" kann die „Citymap Nuremberg 2024" kostenlos geladen werden.

Unsere App-Empfehlungen zu Nürnberg

- **VGN Fahrplan & Tickets:** Die App zeigt Verbindungen im öffentlichen Nahverkehr des Verkehrsverbunds Großraum Nürnberg. Es können auch sofort Fahrkarten gekauft werden (kostenlos für iOS und Android).
- **NürnbergMOBIL:** Die App vernetzt die Verkehrsmittel Bus, Bahn und Rad. So lassen sich u. a. die Fahrräder der VAG leihen (kostenlos für iOS und Android).
- **Parken Nürnberg** bildet die Belegung einer großen Anzahl der Nürnberger Parkhäuser und Tiefgaragen ab und zeigt die freien Parkplätze an (kostenlos für Android).
- **Das Gelände:** Die App bietet eine multimediale Entdeckungsreise mit vielen Informationen zum Reichsparteitagsgelände (kostenlos für Android und iOS).
- **Tiergarten Nürnberg:** Die offizielle App des Tiergartens bietet einige nützliche Funktionen rund um den Tiergartenbesuch (kostenlos für iOS und Android).
